Más gente tóxica

MÁS GENTE TÓXICA

Cómo son los que te hacen mal
para sentirse bien

Bernardo Stamateas

B
GRUPO ZETA

Barcelona • Madrid • Bogotá • Buenos Aires • Caracas • México D.F. • Miami • Montevideo • Santiago de Chile

1.ª edición: diciembre 2014
1.ª reimpresión: diciembre 2014

© Bernardo Stamateas, 2014
© Ediciones B, S. A., 2014
    Consell de Cent, 425-427 - 08009 Barcelona (España)
    www.edicionesb.com

Printed in Spain
ISBN: 978-84-666-5550-7
DL B 21696-2014

Impreso por LIBERDÚPLEX, S.L.U.
Ctra. BV 2249 Km 7,4 Polígono Torrentfondo
08791 - Sant Llorenç d'Hortons (Barcelona)

*A todas las personas nutritivas que día a día,
con sus palabras, sus acciones y su afecto
acarician y bendicen la vida de los demás.*

Mi gratitud a Silvana, Verónica, Gabriela y Luz por su inestimable colaboración para hacer realidad este libro.

Índice

Introducción

UNA PERSONALIDAD EQUILIBRADA

Todos los seres humanos tenemos rasgos tóxicos, áreas inmaduras. Todos venimos «con defectos de fábrica».

¿Cuál es la diferencia con el tóxico?

Ser tóxico es una forma de vivir, de pensar y de actuar; es una manera de funcionar. Además, mientras todos tratamos de eliminar los rasgos tóxicos que percibimos en nosotros mismos, el tóxico no los reconoce y vive culpando a los demás, robando su energía. Los tóxicos son adictos emocionales que para sentirse bien necesitan hacer sentir mal al otro. Son los que van en dirección contraria por la calle y dicen: «¡Qué mal conducen estos idiotas!»

¿Qué es una personalidad equilibrada?

Imaginemos que la personalidad es una pizza. Cada porción de esta pizza es una manera de reaccionar, de funcionar. Por ejemplo, una porción puede ser la desconfianza; otra, la indiferencia; otra, el histrionismo. Cada una de estas porciones enriquece nuestra personalidad.

El miedo. ¿Es normal tener miedo? Sí. ¿Es bueno tener miedos? Es útil ante situaciones de peligro y frente a una amenaza. Se trata de una emoción primitiva del cerebro reptiliano que tarda 125 milésimas de segundo en reaccionar. En menos de lo que dura un parpadeo el cuerpo puede reaccionar de dos maneras: activa las piernas para huir o las manos para pelear. Este es el mecanismo del estrés: huir o luchar. Nuestra vida se desequilibra cuando continuamente vivimos con miedo, pensando que absolutamente todo es una amenaza.

El histrionismo. ¿Está bien ser histriónico? Sí, porque el histriónico llama la atención. Por ejemplo, un profesor tiene que ser histriónico, porque si no lo es, no capta la atención de los alumnos, que terminan durmiéndose en la clase. También es bueno tener una personalidad algo histriónica cuando jugamos con nuestros hijos, por ejemplo.

La indiferencia. ¿Está bien tener un rasgo psicopático como la indiferencia? Sí, porque si nos afecta todo lo que ocurre, nos enfermamos. La indiferencia es un mecanismo de defensa sano que todos poseemos y que sirve para protegernos. Por ejemplo: veo la televisión y tomo distancia de las noticias. ¿Por qué? Porque de no hacerlo me enfermo.

Las obsesiones. ¿Es normal ser algo obsesivo? Claro que hay que ser obsesivo. La obsesión nos centra en los detalles, y todos sabemos que en ciertas ocasiones es importante observar los detalles. Por ejemplo, para una persona que se encarga de hacer balances o informes contables es imprescindible tener en cuenta los detalles y ser obsesivo a fin de hacer correctamente su trabajo.

El narcisismo. ¿Está bien ser narcisista? Sí; un poco sí, porque Narciso dice: «Yo puedo alcanzar mi meta»; «Lo voy a lograr»; «Creo en mí»; «Me va a ir bien». Todos necesitamos una buena dosis de esa autoconfianza.

Ahora bien, si todo es normal, ¿dónde está el problema?

Una personalidad sana mantiene los rasgos en equilibrio. El problema se plantea cuando uno de esos rasgos no crece o crece demasiado. Tomemos como ejemplo la obsesión. En este caso el individuo empieza a ver todo sobre un único rasgo que son los detalles. Cuando la persona observa la realidad desde una sola perspectiva, surge la personalidad desequilibrada. Si tenemos dos o más porciones de lo mismo, esa manera de reaccionar se vuelve nuestro «estilo predominante» y no nos permite funcionar de manera equilibrada. El término «tóxico» hace referencia a las conductas, a las emociones y la forma de proceder de uno mismo y de los demás hacia uno. Para contar con una estima sana, todos necesitamos tener una personalidad equilibrada. Ciertos rasgos de nuestra personalidad pueden ser recursos que nos sirven para determinado momento de la vida, pero es importante poder equilibrarlos.

Podemos verlo de manera gráfica:

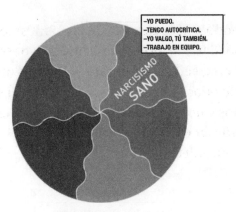

-YO PUEDO.
-TENGO AUTOCRÍTICA.
-YO VALGO, TÚ TAMBIÉN.
-TRABAJO EN EQUIPO.

Narcisismo sano

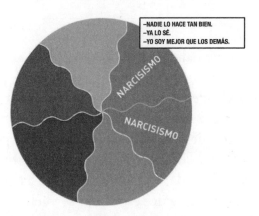

-NADIE LO HACE TAN BIEN.
-YA LO SÉ.
-YO SOY MEJOR QUE LOS DEMÁS.

Personalidad narcisista

En el primer gráfico el narcisismo está en parámetros normales. La persona tiene confianza en sí misma, tiene autocrítica y puede reconocer que ella tiene valor y los demás también. En la segunda imagen vemos que el narcisismo ha embriagado, desequilibrado al sujeto. Esto suele sucederles a muchas personas después de ganar dinero u obtener un gran éxito en algún área de su vida. Se vuelven pagados de sí mismos, y tienen el síndrome del «ya lo sé»: piensan que lo saben todo y que son mejores que el resto de los mortales.

Siguiendo con la alegoría de la pizza, si los rasgos de la personalidad fueran porciones, debemos observar qué porción está creciendo en demasía. En algún momento de la vida a todos nos va creciendo algún rasgo al que nos acostumbramos y nos resulta más fácil utilizar, y es precisamente ahí donde tenemos que estar atentos.

Así pues, ¡adelante! ¡Y que disfrutes de la lectura!

1

EL TRIANGULADOR

> Nadie ama al mensajero que trae
> malas noticias.
>
> SÓFOCLES

1. COMO EL JAMÓN DEL SÁNDWICH

Seguramente en el transcurso de tu vida te habrás encontrado con una persona que se puso en el medio de una relación para bien o para mal, aunque en la mayoría de los casos lo hace para «meter cizaña» entre la gente. Al mismo tiempo es la voz del mensaje de aquel que no se atreve a decir cordialmente lo que quiere expresar o lo que piensa de alguien. ¿Qué significa ser un triangulador? ¿Cómo funciona? ¿Cómo actúa? ¿A qué o a quiénes persigue? Comencemos comprendiendo un poco más a este personaje a través de esta metáfora:

El ariete era un arma de guerra utilizada en la Antigüedad para derribar torres, puertas o murallas fortificadas. Consistía en un tronco grande y pesado con cabeza de metal que varias personas cargaban e impulsaban con ímpetu con el objetivo de derribar un obstáculo. En la actualidad las fuerzas de seguridad utilizan arietes de metal para romper puertas, paredes, etc. El ariete simboliza la manipulación. En términos cotidianos sería como «llenarle la cabeza» a alguien a propósito de un tercero.

Muchas personas funcionan como un ariete, es decir, son *usadas* por los demás para *golpear* a otro. Esto puede ocurrir en el ámbito educativo, familiar, laboral e incluso entre amigos. Buscar *arietes* es una manera de comunicarse en la que un miembro de la familia, por ejemplo, no se comunica directamente con otro miembro de la familia, pero sí lo hace con una tercera persona para que intervenga en un asunto. Analicemos el procedimiento:

Tenemos a las personas A, B y C. A está enfadado con B pero no le dice nada, sino que llama a C y se queja de B. C va a hablar con B.

La *triangulación* es el acto de contarle a un tercero un mensaje que este debe entregarle a la persona involucrada. Por ejemplo:

Carlos (A) le dice a Estela (B) que Paula (C) lo maltrató. A se lo dice a B para que B se lo diga a C. A usa a B como ariete sin que este se dé cuenta de la maniobra. Ahora tenemos más conflictos que antes: por un lado, A no solucionó su problema con C, y ahora se suma el conflicto de B con C. Todos pierden, porque la situación no se resolvió y, además, ahora hay nuevos *enemigos* en escena.

Veamos este otro ejemplo:

El empleado A le dice a B que el jefe lo presiona demasiado. B lo vive como una gran injusticia, y al ver la pasividad de A interviene reivindicando los derechos laborales. El jefe no entiende a qué se refiere B, por lo que va a hablar con A y este asegura: «Jefe, ¡yo nunca dije eso!», dejando en mal lugar a B, que quedó envuelto en una batalla en la que no tendría que haberse metido.

El chisme funciona con el principio del ariete, por eso, no creas a Fulanito cuando viene a contarte que Menganito está hablando mal de ti. ¡No creas todo lo que te dicen! El chisme proviene de un tóxico.

> Un chisme es como una avispa, si no puedes matarla al primer golpe, mejor no te metas con ella.
>
> George Bernard Shaw

La manera de evitar la triangulación consiste, en primer lugar, en hablar con la persona con la que tenemos el conflicto, sea cercana o no, y, en segundo lugar, en no decirle nunca a un tercero algo sobre otro. En caso de que hablemos y no resolvamos el problema, necesitaremos buscar ayuda de la persona apropiada.

Entre los miembros de una pareja que se ha separado, es común que los hijos sean utilizados como ariete: «Dile a tu madre que yo digo que...»

La versión más moderna es el «Se busca ariete». En este caso, la persona expone en Facebook o Twitter su malestar para ver quiénes «comentan» o a quiénes «les gusta» su publicación, tomando así partido activo por «el sufriente». Quienes lo hacen, al ponerse del lado de A y experimentar malestar hacia B quedan triangulados. Son una especie de «ariete pasivo», dado que atacan a B escribiendo en las redes sociales.

¿Qué tipos de personas intervienen en una triangulación?

- El que no se atreve a afrontar el problema y busca un ariete, esto es, un intermediario. Esta persona necesita un ariete para que vaya a «pegarle» a un tercero. Está buscando ayuda, pero la pide mal. La manera sana de hacerlo es decir: «Tengo un problema. Por favor, échame una mano y habla con él/ella.» Es decir, explicitar que necesita un mediador para que este salga a buscar una solución sin que se produzca ningún tipo de agresión.
- El que quiere manipular. Aquí la persona busca un efecto directo: se pone en el papel de víctima o utiliza el rol de cuidador: «Ten cuidado con Fulanito que es difícil.» De esta manera, lo que hace es generar dudas. El objetivo es influir sobre el otro.

En ambos casos, el objetivo no es resolver el problema sino *golpear*, dañar al otro mediante un ariete.

2. MODUS OPERANDI DEL TRIANGULADOR

Los triángulos están destinados al fracaso, porque no ofrecen soluciones, sino que ocultan el verdadero problema. Lo resuelven mediante «puertas derribadas», es decir, mediante el uso de la agresividad. La técnica por excelencia para ponerse en el rol de ariete es *ponerse en el lugar de víctima. ¿Por qué?* Porque la gente «compra» esa actitud.

La victimización puede adoptar alguna de estas tres formas:

- **Víctima de sí mismo.** Es el caso de las personas que dicen: «No soy capaz», «No sé si podré», «Siempre me va mal».

- **Víctima del otro.** En este caso, los argumentos son: «Tú me haces explotar»; «Tú me hiciste daño»; «Mi familia me llevó al sufrimiento».
- **Víctima del mundo.** Sus dichos habituales son: «Yo quiero, pero no me dejan»; «El mundo no me ayuda»; «Si el mundo cambiara, yo lo haría».

Lo cierto es que ponerse en el papel de víctima es una actitud de manipulación pasiva hacia otros. Analicemos algunas de sus facetas en detalle:

Culparse por todo

Por ejemplo, la persona dice: «Mis padres se separaron y yo siento que fue por mi culpa.» Al ponerse en el rol de víctima logra que los demás le digan: «¡Pobrecito! ¡No eres el culpable!» Usa el dolor para causar lástima.

Las personas que se culpan por todo buscan un castigo para redimirse, pero no cambian su actitud. Los sistemas punitivos están dirigidos a pagar la culpa con sufrimiento, pero no producen una actitud diferente. No se trata de ser culpable. Solo siendo responsables podemos crecer. La responsabilidad es la que nos permite corregir. El castigo nos causa dolor, pero no resolvemos la situación ni modificamos las conductas.

> Culpar a los demás es no aceptar la responsabilidad de nuestra vida, es distraerse de ella.
>
> Facundo Cabral

El *autorreproche* es una conducta infantil que no conduce a nada. Me digo a mí mismo: «¡Qué mal estuve!», pero no cambio. La responsabilidad, sin embargo, también me lleva a pensar: «¡Qué mal estuve!», y a continuación, lo asumo y corrijo mi conducta en el futuro.

Culpar a otro

El lema de estas personas es: «Todos mis problemas vienen de fuera, ¡yo no puedo hacer nada!» Tienen un lenguaje pasivo: «El vaso *se* rompió» (no lo rompí yo), «la camisa *se* perdió» (no la perdí yo). Son victimistas, es decir, culpan al otro de su conducta, diciendo, por ejemplo: «Me vas a matar de un disgusto.» O van de compras, nunca compran nada para ellas mismas, y proclaman: «Me privé de todo para darte lo que querías.» Estas personas no asumen su responsabilidad.

Una vez, una joven me contó: «Mis padres me repitieron durante años que por haberme tenido, ellos no habían podido estudiar.» Estos padres culparon a su hija de su incapacidad para estudiar. La persona que acepta este tipo de justificaciones inevitablemente se queda en la posición de víctima, atascada en ese rol, imposibilitada de mirar hacia el futuro.

Otra persona me contó: «Invité a mi padre a mi cumpleaños y en la fiesta tomó vino. Yo no sabía que no podía beber alcohol porque sufría de hipertensión, pero él lo hizo y murió. Eso me hizo sentir terriblemente culpable. Incluso mis propios familiares también me lo hicieron sentir.» El caso es que ella no tenía obligación de saber que su padre no podía tomar alcohol. ¡El que debería haberlo tenido en cuenta era su padre, no ella!

Ponerse en el centro del escenario

Estas personas ocupan el centro del escenario porque desean que todos reparen en su malestar. «Ah... ¡mi problema es mucho más grande que el tuyo!», aseguran. Por ejemplo, la hija le confiesa a su madre que se va a separar de su marido y la mujer le responde: «¡No me hagas esto! ¡Me vas a matar del disgusto!» O el típico caso de la persona que acompaña a un amigo a un velatorio de un ser querido y llora más que el amigo.

El rol de víctima es una posición cómoda que indica que no hay aprendizaje ni cambio de conducta. Al adoptar el papel de víctima la persona busca la «disculpa» del otro, que alguien le diga: «Quédate tranquilo, no fue culpa tuya.» El papel de víctima lo exime de asumir responsabilidades.

Sin embargo, hay dolores que debemos aceptar porque forman parte de nuestra historia. Pero tenemos que vivir «dolores limpios», sin culpa, porque justamente cuando nos sentimos culpables nos ponemos en el rol de víctima. Para cambiar el dolor de víctima y quitarnos la culpa es necesario aceptar que tenemos ese dolor y luego reflexionar: «Muy bien, tengo este dolor, ¿qué hago a partir de ahora?»

Proyectar la actitud propia en otro

Las personas que proyectan su actitud en otros dicen, por ejemplo: «En este lugar a ti no te reconocen»; «¡Qué vida más dura has tenido!»; «¿Quién va a querer casarse contigo?»; o «¡Pobrecito, qué carita de cansado!». En realidad son ellos los que no son reconocidos, nadie los quiere como pareja o están agotados.

Te reprochan: «¡Fue por ti que yo perdí la oportunidad de viajar por el mundo!»; «No volví a tener pareja por cuidarte»; «¡Me sacrifiqué toda la vida para que pudieras comprar eso que tanto querías!».

Si te dijeron cosas por el estilo, ponerte en posición de víctima da fuerzas a quien te manipula. Victimizarte es sentirte impotente. Cuanto más te hagas la víctima, más poder le estarás dando a quien te lastima.

En una pareja, el hecho de victimizarse es un capítulo aparte, ya que nunca hay «buenos» y «malos», o «víctimas» y «victimarios». El tango se baila en pareja, de manera que ambos tienen una dinámica de funcionamiento. La victimización impide asumir la responsabilidad y evita el cambio.

3. LO VEO VENIR...

¿Cómo saber si estoy frente a esta clase de toxicidad? ¿Dónde se encuentran (o se esconden) estas personas? Veamos algunos ejemplos:

Por medio de Facebook el triangulador busca principalmente que el ariete *salga a golpear*, es decir, allí el propósito es causar un daño mediante el *desprestigio*.

Una peluquera se queja en Facebook de que una de sus clientes (a la que llamaremos «Isabel») no le pagó el corte de pelo. El objetivo de esta agresión virtual es lograr que esa otra persona quede mal parada delante de los demás. El agresor busca solamente desprestigiar, de ninguna manera espera que el lector llame a la persona para decirle: «Tienes que pagarle a la peluquera el corte que aún le debes.»

La motivación del que ataca por Facebook es la *rabia*. Analicemos más profundamente el ejemplo anterior: Isabel va a la peluquería a cortarse el pelo y no paga. La peluquera insiste, pero ella de todos modos se va sin pagar. Frente a esta situación, la peluquera sube la fotografía de su cliente a Facebook y escribe: «Isabel no me pagó. ¡Ladrona!» Instantes después comienzan a aparecer los «Me gusta» y los mensajes como «¡La conozco, no me sorprende!» o «¡Sinvergüenza!». Todos estos comentarios funcionan como arietes pasivos. Sin

> Importa mucho más lo que tú piensas de ti mismo que lo que los otros opinen de ti.
>
> **Séneca**

embargo, a pesar de que la foto reciba muchos «Me gusta» y por más que sus amigos comenten cosas insultantes hacia la cliente, la peluquera no logrará calmar la rabia que siente hacia Isabel.

La técnica de desahogarse por Facebook no tiene fecha de caducidad, y lo único que logrará es que la rabia de la peluquera vaya en aumento. Si continúa subiendo fotos y comentarios negativos hacia Isabel, probablemente llegará el día en que se canse y deje de hacerlo, pero en ninguno de los dos casos logrará nada, porque el problema no se habrá solucionado.

La peluquera debería enfrentarse a su cliente y hablar directamente con ella, o buscar una «mediadora», alguien a quien explicarle lo que ocurre y que pueda hablar con Isabel de su parte para tratar de solucionar el problema. Solo tendrá paz si actuó correctamente y agotó todos los recursos para tratar de resolver el inconveniente. Aun así, es posible que no logre solucionarlo, en cuyo caso habrá perdido dinero, pero habrá ganado mucho en estima y paz interior.

La triangulación es una *coalición de dos en contra de uno*. Por ejemplo, Pilatos y Herodes se odiaban, pero para matar a Jesús se unieron. Se trata de dos *amigos* a quienes lo único que los une es un *enemigo en común*, dos arietes y una alianza, dos hacia una meta. La realidad es que la venganza nunca es útil y puede volverse en contra de quien la ejecuta, como le pasó al caballo de esta historia:

El caballo y el venado*

En un tiempo el caballo tenía todo el pasto de la llanura solamente para él. Sucedió entonces que un venado se metió en su territorio y comió parte de ese pasto. El caballo,

* Fábula de Esopo.

deseando vengarse del forastero, preguntó a un hombre si quería ayudarle a castigar al venado.

El hombre contestó que si él aceptaba tener un hierro en la boca y consentía en llevarlo siempre sobre su lomo, él concebiría armas eficaces contra el venado.

El caballo aceptó. Y así sucedió que en vez de obtener venganza contra el venado, se esclavizó al servicio del hombre.

Lo que necesitamos hacer no es vengarnos, sino pensar cómo podemos resolver la situación.

Y si buscamos casos que suceden a menudo, echemos un vistazo a estos ejemplos:

- El padre habla mal de su madre a los hijos.
- La madre habla mal de su padre a los hijos.
- Ambos padres hablan mal del otro a sus hijos.

Los hijos deberían sentirse cuidados por ambos padres y no estar nunca en medio de sus conflictos. Un hijo jamás debe ser utilizado como intermediario ni mediador. Los padres tienen que aprender a separar la relación de ellos como pareja (y sus conflictos) de su rol de padre y madre de sus hijos.

Siempre que se usa un ariete, A, B y C pierden. Veamos por qué pierde cada uno:

A: Por no afrontar la situación. Cuando no afrontamos un conflicto potenciamos nuestras debilidades. No saber resolver conflictos nos genera insatisfacción, impotencia, porque es otro el que lo resolvió (o no), lo cual nos provoca frustración, aun cuando hayamos «ganado».

> La mayoría de las personas gastan más tiempo y energía en hablar de los problemas que en afrontarlos.
>
> Henry Ford

B (el ariete): Porque tiene una nueva pelea con C.

C: Porque se disgustó con A en lugar de tratar con él y también con B, que apareció en el camino.

4. ACTITUDES SANAS PARA RESOLVER LA TRIANGULACIÓN

Para resolver cualquier situación conflictiva hay tres actitudes que siempre debemos tener en cuenta:

1. **Tener el deseo de resolver el problema.** El objetivo debe ser solucionar el conflicto. Si esto no está claro, nada servirá.
2. **Hablar con la fuente.** De lo contrario, el problema no se resuelve.
3. **Buscar un mediador.** Si se designa a una persona para que cumpla explícitamente el rol de facilitar que dos partes se entiendan no hay manipulación, porque el objetivo es resolver un tema que se nos escapa de las manos.

Cuando se recurre expresamente a un intermediario pueden ocurrir dos cosas:

- **Que el problema se resuelva.** En este caso tenemos la alegría de haberlo abordado correctamente.
- **Que el problema no se resuelva.** Aquí conviene cortar la relación y seguir adelante con la satisfacción de haber actuado correctamente.

Nunca debemos reaccionar en función de la emocionalidad del otro. Evitemos caer en una guerra de emociones en la que no se puede resolver nada. Lo mejor siempre es pensar: «¿Cuál es el problema?» Supongamos que una persona va a comprar un kilo de pan y porque algo (solo ella sabe qué) le desagrada empieza a gritarle a la panadera: «¡Ladrona! ¡Mentirosa!» Si la panadera reacciona a esa emoción, habrá una polémica sin sentido, pero si se mantiene en su eje y piensa en cuál es el problema, podrá concentrarse en resolver la situación. No es fácil, ¡pero es posible!

Siempre tenemos que analizar si hay un vínculo afectivo bajo o alto con quien nos quiere involucrar en un conflicto. Si el vínculo afectivo es bajo, por ejemplo, te hablan mal de un compañero de trabajo, lo mejor es apartarse y no entrar en el juego. Puedes responder: «¡Cuánto lo siento!» o «Bueno, no es mi problema». Si quieren utilizarte como ariete en una situación en la que el vínculo afectivo es alto, por ejemplo, si te hablan mal de un familiar, tu actitud debe ser explicitar el juego y decir: «No me corresponde a mí hablar de esa situación. Deberías hablar con la persona en cuestión, no conmigo.» La cuestión es salir de esa triangulación, dejar de ser el que está en medio de dos y enviar a quien se queja a hablar con la fuente de su malestar. Si tienes claro cuál es tu función, tu límite, podrás salir del rol de «mensajero ariete» y enviar a la persona en conflicto a que converse con quien corresponde, sin asumir un papel que luego te hará sentir desgastado, frustrado, herido y usado. Otra actitud posible es escuchar al que te habla mal de un ser querido, pero no «aceptar» su discurso, no salir a atacar ni a «golpear» a nadie. Escuchar y punto.

5. LIBRES DEL TRIANGULADOR TÓXICO

¿Te criticaron? ¿Hablaron mal de ti? ¿Divulgaron rumores maliciosos sobre tu persona? ¿Escribieron un comentario agresivo en Facebook? ¡A todos nos ha pasado alguna vez! Hay mucha gente tóxica suelta que «pelea» por tonterías y derrocha su valioso tiempo «contestando» a través de las redes sociales, del correo electrónico, de personas conocidas, etc., con el objetivo de desmentir agravios o acusaciones falsas. Sienten su estima herida y buscan «venganza». Es fundamental que tengas presente que todos nos medimos por nuestro nivel de oponentes. Por eso, ¡enfócate! Las águilas no cazan moscas; un peso pesado no pelea con un peso pluma. ¿Con quiénes estás discutiendo? ¿Por qué cosas? ¿Valen la pena? ¿Quién gana más con esa «pelea»? ¿A quién le conviene más pelear, a ti o al otro?

> Es posible conseguir algo después de tres horas de pelea, pero es seguro que se podrá conseguir con apenas tres palabras impregnadas de afecto.
>
> **Confucio**

Cuando David peleó contra Goliat, el gigante fue un necio. ¡Él no tenía nada que ganar! Si triunfaba sobre David, la gente comentaría: «¡Solo venció a un muchachito!» Ese fue el error de Goliat. El acierto de David, por su parte, fue que él sí tenía algo que ganar.

No permitas que otros decidan las batallas que vas a pelear, ¡elige con sabiduría tus batallas!

2

EL «FRUSTRADOR»

> No consultes a tu temor, sino a tus
> esperanzas y sueños. No pienses en
> tus frustraciones, sino en tu potencial.
>
> SAN JUAN XXIII

1. EL DÍA QUE LLUEVAN SOMBREROS, LA GENTE NACERÁ SIN CABEZA

¿Te suele pasar que estás con gente que todo lo ve mal? Personas a las que apenas les cuentas que vas a emprender un proyecto, te lo echan abajo o, como decimos en Argentina, «te pinchan el globo». Padres que están todo el día pasando factura por lo que hicieron por ti y por todo aquello a lo que han renunciado para que no te falte nada (estudios, amigos, viajes), pero que hoy no lo viven con alegría, sino como una carga que han tenido que sostener durante años. Parejas que viven pasando factura por todo lo que han hecho por el otro, todo lo que han tenido que ceder o abandonar para que el otro sea feliz, o para criar a los hijos. Lo que al principio parecía estar bien con el tiempo se siente como un sacrificio y se vuelve una carga que los convierte en personas frustradas.

Una persona que no pudo lograr sus objetivos en la vida, que no alcanzó sus sueños, inconscientemente intentará boicotearte y decirte que todo lo que emprendas te saldrá mal. Como él se siente frustrado, no puede ver lo bueno y lo maravilloso que tiene la vida ni las oportunidades que nos ofrece para sobreponernos una y otra vez al error, al fracaso, porque lo que vale es levantarse y volver a empezar tantas veces como sea necesario.

Por eso, ¡cuidado! No permitas que el frustrado... te frustre.

Necesitamos aprender que la frustración forma parte de la vida y, aunque no podemos evitarla, podemos aprender a afrontarla y a superarla. La frustración es una «piedra en el camino», un obstáculo a sortear para poder llegar al *destino que soñamos*.

La imagen que utilizan muchos psicopedagogos y médicos es la siguiente: supongamos que un bebé ve un juguete y empieza a gatear para alcanzarlo. El bebé está frustrado porque no tiene el juguete, entonces se esfuerza y gatea hacia él.

Sin saberlo, ese bebé ha activado la fórmula del éxito:

FRUSTRACIÓN + ESFUERZO = ÉXITO

Cuando a la *frustración* le sumamos el *esfuerzo*, vamos a tener como resultado el *éxito*. Sin embargo, muchas veces cuando queremos desearle éxito a alguien le decimos: «¡Que tengas mucha suerte!», casi como esperando que algo bueno le caiga del cielo sin que haga el más mínimo esfuerzo.

Supongamos ahora que el bebé ve el juguete y lo quiere tener en sus manos. Está frustrado porque no lo tiene, entonces se esfuerza y empieza a gatear para llegar hasta él. De pronto, la madre lo ve y le dice: «¡Pobrecito mi bebé que quiere el juguete!», y se le adelanta para entregárselo: «¡Toma, aquí está tu juguete! ¡No te preocupes!»

¿Qué hizo esa madre? Le robó a su hijo el esfuerzo. Por lo tanto, le privó de la frustración y el éxito. Al recibir el juguete de manos de su madre, el bebé no se frustró, y por lo tanto no necesitó esforzarse. Este es el motivo por el que muchos chicos en la actualidad no valoran nada: les pusieron todo en las manos. Por eso, ¡no des todo a tus hijos! La fórmula *curiosidad* + *frustración* + *esfuerzo* lleva al *éxito*. La incomodidad nos hace avanzar.

Analicemos una tercera hipótesis. El bebé ve el juguete y lo quiere tener en sus manos. Está frustrado porque no lo tiene, entonces se esfuerza y empieza a gatear hacia él. Cuando está a punto de lograrlo, el padre se lo aleja y le dice: «¡Vamos, hombre! ¡Vamos, vamos!»

Este padre no frustró al bebé, sino que lo hizo impotente. ¿Cuál es la diferencia entre *frustrado* e *impotente*? Si estoy nadando en medio del mar y veo una madera flotando, eso se llama *frustración*; pero si estoy nadando en medio del mar y no veo nada, se llama *impotencia*. Si me está persiguiendo un león y veo a lo lejos un árbol al cual trepar para ponerme a salvo, eso se llama *frustración*; pero si me está persiguiendo un león y no veo ningún lugar donde ponerme a salvo, se llama *impotencia*. Mientras que la frustración es: «Hay algo que no tengo, pero hay algo» (por ejemplo, un árbol al que trepar), la impotencia es: «Me persigue el león y no hay ningún árbol al que trepar.»

Estar momentáneamente frustrado no es malo, al contrario, la frustración nos permite descubrir nuevas alternativas. Pero la persona que vive frustrada se quedó en la imposibilidad, en el error, en que esa oportunidad que no se presentó se convirtió en un paradigma para su vida. Por eso le oímos decir:

- «Siempre me va a ir mal.»
- «Yo no puedo.»
- «Nunca me sale bien nada.»
- «Nací sin suerte.»

Siempre buscará tres pies al gato para justificar que no logró sobreponerse al error, a la frustración, y seguir adelante.

¿Cuáles son las principales características de una persona con baja tolerancia a la frustración?

- Quiere todo «ya». Cualquier retraso implica un gran obstáculo.
- No puede posponer una satisfacción.
- La vida tiene que ser fácil y cómoda. Necesita eliminar rápidamente todo malestar.
- Reacciona ante cualquier límite. Lo siente como algo injusto y espantoso.

Cuando la realidad no cumple con estos requisitos es posible que no solo se frustren sino que sus emociones se llenen de odio, de un pesimismo tan profundo, tan pesado, que les impida seguir caminando.

Cuando no podemos encauzar la frustración, cuando nos manejamos individualmente y lo único que nos interesa es nuestra satisfacción —que es nuestra prioridad—, nos costará respetar al otro y entender que hay límites que no podemos sobrepasar. Esto nos llevará también a fracasar en la interacción con los otros y con nuestros propios afectos.

Como el bebé que busca alcanzar el juguete, deseamos dinero, conocimiento, felicidad, etc., y eso está muy bien porque de eso se trata la vida. Posee sabiduría y salud emocional quien aprende que *frustración + esfuerzo* es el único camino para alcanzar lo que deseamos.

2. ALGO NUEVO BAJO EL SOL

Analicemos este ejemplo:

La madre amamanta a su bebé. Como sabemos, la leche materna es dulce y al bebé le encanta. Un día la mamá le ofrece papilla. ¿Qué hace el bebé? Por el reflejo llamado extrusión, la escupe. Al día siguiente, la madre vuelve a ofrecerle papilla y el bebé la vuelve a escupir. Una vez más la madre le da papilla y una vez más el bebé la escupe. La séptima vez que su madre le ofrece papilla el bebé termina por aceptarla y la traga.

La mamá frustró al bebé de la leche dulce y gracias a esa frustración el bebé descubrió nuevos sabores. Cuando la vida nos frustra podemos llegar a descubrir nuevas alternativas.

¿Alguna vez te tocó un día de lluvia durante tus vacaciones? A todos nos ha pasado. Cuando ven que está lloviendo, muchos veraneantes se enfadan y dicen: «Ah, ahora no voy a poder tomar el sol.» Sin embargo, esa lluvia permite descubrir una charla en familia, un nuevo paseo, una actividad diferente, y así disfrutar de algo que no estaba en los planes. Las frustraciones pueden ser el punto de partida para crecer, ver otras alternativas y descubrir algo nuevo.

La frustración forma parte del aprendizaje. Por ejemplo, si en un examen un alumno recibe un 2, el joven estudia más, analiza en qué se equivocó y qué más puede hacer para mejorar la nota, hasta que finalmente logra un 10. ¡Gracias a ese 2 sacó un 10! Las mejores cosas las aprendemos a partir de lo que nos salió mal.

Supongamos que quiero llamar a una persona por teléfono, pero me equivoco al marcar el número y termino hablando con un desconocido. Puedo pensar: «¡Qué tonto soy, no sé marcar un número de teléfono!»; o simplemente decir: «Me he equivocado al marcar. Volveré a marcar el número y pondré más atención.» La frustración nos permite activar el aprendizaje para corregir el error cometido.

Si intentas siempre lo mismo, si haces una y otra vez lo que no te funciona, obtendrás los mismos resultados, es decir, te frustrarás. Puedes probar una estrategia dos o tres veces, pero si no te funciona, tienes que hacer algo distinto.

> Un poco más de persistencia, un poco más de esfuerzo, y lo que parecía un fracaso sin esperanza puede convertirse en un glorioso éxito.
>
> Elbert Hubbard

Una vez hablé con una pareja que solicitó mi consejo porque discutía todos los días. Recuerdo que les pregunté: «¿Qué es lo último que hacéis antes de terminar la discusión y llevaros bien?» «No hablamos más y nos ponemos a ver la tele juntos», respondieron con rapidez. «Ok, entonces hacedlo antes de comenzar la discusión», les aconsejé. La pareja resolvió su problema.

La frustración también motiva nuestra necesidad de búsqueda. Por ejemplo, cuando terminamos de comer y estamos saciados, no tenemos ganas de hacer cosas. Por el contrario, nos da sueño y deseamos dormir. *Cuando nuestro apetito de logros no está saciado, ansiamos hacer cosas.*

3. Y SI ME FRUSTRO, ¿QUÉ HAGO?

¿Cuántas veces te dijeron «no»? ¿Qué sientes cuando te dicen que no puedes entrar en algún lugar o que un trabajo no se adapta a tu perfil? ¿Alguna vez te declaraste a alguien y te rechazó?

Cuando te dicen «no», se genera una frustración porque no puedes tener aquello que te permite cumplir un deseo o un sueño. Hay un mensaje perverso que nos transmite la cultura que dice: «Debes tener todo lo que desees porque si no serás un fracasado.» Como consecuencia de esto, las generaciones más jóvenes crecen creyéndose merecedoras de absolutamente todo lo que quieren, algo que desde luego es irreal, ya que nadie logra satisfacer todos sus deseos.

Los adultos somos prisioneros de la sociedad que nos vende que la satisfacción de los deseos a través del consumo es sinónimo de realización personal. En realidad, son cosas bien distintas. El deseo es una emoción superficial, basada en los sentidos. Es «darse un gusto». La realización personal es otra cosa. Se basa en planes internos, profundos, que se proyectan en el tiempo. La sociedad de consumo nos dice que podemos tener todo ya. Entonces cuando llega la frustración, es decir, cuando nos dicen que no a algo, eso nos duele. Tenemos que saber que no todos los deseos pueden ser satisfechos, y no debemos confundir deseos con realizaciones personales.

¿Qué sucede cuando nos frustramos porque no alcanzamos esa meta que deseamos y que la sociedad nos obliga a lograr? Las reacciones más comunes son:

- La rabieta. Cuando un bebé quiere satisfacer todos sus deseos, pero sus padres se niegan a ciertos requerimientos, el niño pilla una rabieta, llora y grita. Tal es la insistencia del bebé con sus berrinches que en muchos casos los padres terminan cediendo en los límites con el niño. Algunas personas, cuando alguien les dice que no, se enrabietan del mismo modo que un bebé, porque tienen la creencia de que todo el mundo tiene que girar a su alrededor: «Me tienen que tratar bien, porque si no lo hacen me frustro y me enrabieto.»

- La impulsividad. Frente a la frustración hay personas que, en cambio, reaccionan de manera impulsiva. Gritan y se enfadan con facilidad, tienen una actitud infantil. Están convencidas de que nadie les puede decir que no. La vida les tiene que satisfacer al instante todo lo que ellos reclamen, porque ese es el mensaje que les ha enseñado la cultura.

- El odio. Sentir odio implica estar atascados en una frustración que no soportamos. Tal es el caso de algunas personas divorciadas que se quedan estancadas en el odio y quieren destruir a su expareja debido a la frustración que les genera el haber fracasado.

- La resignación. Existen personas que, por haber recibido tantos «no» en su vida, se deprimen y se resignan: «Desde que nací me dicen que no. ¡Me rindo!» o «Me rindo, este debe ser el destino que Dios quiere para mí», son sus pensamientos.

¿Cómo podemos reaccionar positivamente frente a la frustración?

Consideremos como ejemplo esta situación:

Tengo que ir al aeropuerto a tomar un vuelo rumbo a España. Había acordado con un amigo que pasaría a buscarme en su coche para llevarme al aeropuerto, pero un par de horas antes del vuelo este amigo me llama para decirme que no podrá llevarme. ¿Qué hago?

Veamos las opciones:

- *Explotar hacia fuera*: llamo a mi amigo y lo insulto a gritos.
- *Explotar hacia dentro*: me autoagredo y me hago la víctima: «Soy tonto, yo tengo la culpa de que siempre me pasen estas cosas.» Analizo la situación y concluyo que el culpable soy yo, siento ira hacia mí mismo, me considero menos.
- *Resignarme*: me digo: «Dios sabrá por qué me pasa esto. Será otro día.»
- *Activar el pensamiento creativo*: llamo a otro amigo, tomo un taxi, cambio el vuelo, etc.

Ante una frustración siempre hay dos salidas: afrontarla o esquivarla. Muchas personas buscan huir del dolor recurriendo a las adicciones. El camino correcto para resolver la frustración es otro: activar nuestra creatividad. Hay mucho que sí tenemos y que podemos usar a nuestro favor. Son muchas las capacidades internas que, cuando decidimos que

> Nunca andes por el camino trazado, pues te conducirá únicamente hacia donde los otros fueron.
>
> Alexander Graham Bell

una situación difícil no nos ganará, se ponen en marcha para crear nuevas soluciones y permitirnos hacer las paces con nosotros mismos. Tenemos que aprender a frustrarnos y a reconvertir esa circunstancia para no caer en la impotencia.

No se trata de rebelarse ante el límite, sino de cambiar la estrategia. No se trata de resignarse, sino de intentarlo por otra vía. ¡Es de necios repetir de la misma manera algo que nos ha salido mal y pretender obtener un resultado distinto!

Tolerar la frustración es una habilidad que se desarrolla. La frustración forma parte de la vida. No podemos evitarla, pero podemos aprender a manejarla y a superarla. Para tolerar la frustración tenemos que aprender del fracaso. ¡Las mejores cosas de la vida nos pasan a partir de que aprendemos de nuestros fracasos! Como dijo el gran campeón argentino de ajedrez Roberto Grau: «Una partida perdida me enseña más que cien partidas ganadas.»

4. POR UNA NUEVA GENERACIÓN LIBRE Y SANA

Hay personas que han estudiado, tienen una profesión, una familia estable, prosperidad, prácticamente ningún problema en la vida y, sin embargo, se frustran. ¿Por qué? Por la culpa. Estas personas se boicotean porque en el fondo sienten que no merecen alcanzar esa meta y disfrutarla.

Otros se frustran porque han recibido una herencia de frustración y, como dice el tango *Cambalache*, creen que «el mundo fue y será una porquería». Sus padres vivían quejándose de todo y de todos, del país, de la familia, de los vecinos, de la humedad de la casa, de sus jefes iracundos y difíciles de conformar, de la economía, etc. Pensaban que el mundo había tramado un plan en su contra.

Y otros han tenido padres que les impusieron una exigencia enorme, fueron niños sin permiso para equivocarse y que nunca se han frustrado. Es sano tener un mínimo de frustración en la vida, porque al sentirla seremos capaces de crecer y de aprender a superarnos en cada situación que nos toque atravesar.

Un maltratador es un hombre frustrado en su infancia, alguien que quería el amor de su padre y este le dijo: «No.» Alguien que buscaba el amor de su madre y esta le dijo: «No.» «No, no, no», fue todo lo que recibió. El maltratador es un hombre que ha sido maltratado en la infancia, por eso cuando llega a la edad adulta considera que las demás personas están puestas por Dios, por la vida, para que él obtenga de ellas lo que quiere, para que ya no se frustre. Ahora él pone las condiciones: «Si me tratas bien, no te pego»; «Puedo darte lo que sea, si haces lo que yo espero». Pero su baja tolerancia a la frustración, es decir, a cualquier dificultad o demora en la satisfacción de sus deseos puede generar formas de agresividad.

Las personas maltratadoras recurren a una variedad de estrategias para evitar la frustración. Las personas compulsivas, las personas que se mutilan, las que cuando se enfurecen golpean la pared o se muerden los nudillos y las que roban o mienten compulsivamente también quieren huir del dolor. Ellos desearían no actuar de esa manera, pero siguen comportándose así porque no pueden evitarlo.

> El objetivo principal de la educación es crear personas capaces de hacer cosas nuevas, y no simplemente repetir lo que otras generaciones hicieron.
>
> **Jean Piaget**

Por todo esto, es sumamente importante el rol que desempeñan los padres al formar a sus hijos para que en el futuro puedan, por una parte, ser personas que aceptan la frustración, y, por otra, saber que a partir de ella, con nuevas ideas, estrategias y acciones siempre se puede llegar a la meta deseada.

Cuando observamos las reacciones de nuestros hijos solemos decir: «Pero esto, ¿de dónde lo aprendió? ¿A quién copió?» Querido lector, tengo que comunicarte que los hijos suelen repetir el modelo de sus padres.

Analicemos algunas ideas prácticas que podemos llevar a cabo con nuestros hijos para que ellos puedan romper con el molde de la frustración:

No sobreprotegerlos

Los adultos sabemos que la vida no nos da todo lo que deseamos. Sin embargo, los niños que fueron sobreprotegidos, que siempre recibieron todo lo que esperaban, los que crecieron sin conocer la frustración, se convierten en adultos que no toleran la frustración, lo cual se traduce en comportamientos caprichosos, protestas constantes e incapacidad para esperar.

Cuando un niño desea algo, grita, patalea, hace «pucheritos» y en más de una oportunidad es capaz de armar un escándalo si no lo consigue. Piensa que merece todo lo que desea, en el momento en que lo desea. No sabe esperar y lo quiere ¡ya!, porque vive la espera como algo injusto y terrible. Para un adulto que fue sobreprotegido de niño nunca nada es suficiente y siempre quiere más. La baja tolerancia a la frustración implica una sensibilidad excesiva hacia todo lo desagradable que funciona como una lente de aumento, magnificando el lado malo de cada situación. Entre otras cosas, las personas que fueron sobreprotegidas en la niñez no toleran las pérdidas.

No hacer por ellos lo que ellos mismos pueden hacer

Si tu hijo se cae, no lo levantes, deja que intente hacerlo por sus propios medios. Cuando tenga dificultades, no intervengas de inmediato, deja que resuelva solo su problema. Esta es la única forma de que aprenda a desarrollar la capacidad de experimentar confusión, ansiedad y rabia. ¡No lo prives de sentir estas emociones!

Marcarles límites claros y razonables

La palabra *disciplina* proviene del latín y significa «enseñanza», «educación». Los padres somos maestros de nuestros hijos, por eso es importante que les marquemos límites claros y razonables y les expliquemos el porqué de los mismos.

Enseñarles a posponer por algo mejor

Para llevar a cabo una investigación se reunió a varios niños en un aula. A cada uno se le entregó una golosina y luego se explicó al grupo: «El que quiera comer su golosina puede hacerlo; el que no la coma recibirá otra dentro de un rato.» Muchos niños comieron su golosina. Otros se distrajeron jugando y, como no comieron su golosina, recibieron otra. Se hizo el seguimiento de estos niños y se comprobó que quienes pudieron posponer su deseo tuvieron más éxito en el logro de sus sueños.

Un ministro del emperador le dijo a Diógenes: «¡Ay, Diógenes! Si aprendieras a ser más sumiso y a adular más al emperador, no tendrías que comer tantas lentejas.» Diógenes contestó: «Si tú aprendieras a comer lentejas, no tendrías que ser sumiso y adular tanto al emperador.»

Enseñarles a aceptar un «no»

Aunque un «no» les parezca injusto, podemos enseñarles a nuestros hijos que ese «no» los hará personas más justas en el futuro: es importante que aprendan que el otro también tiene derechos.

Darles ejemplo

No podemos dar a nuestros hijos lo que no nos damos a nosotros mismos. Ciertamente el ejemplo es muy poderoso. En Suiza se hizo una experiencia interesante: en una misma jaula colocaron a un canario junto a un ruiseñor. Al cabo de un tiempo, el canario imitaba el admirable canto del ruiseñor.

> Dar ejemplo no es la principal manera de influir sobre los demás, es la única manera.
>
> **Albert Einstein**

Una publicidad extranjera es una clara muestra del poder que tiene el ejemplo:

Un padre va con sus dos hijos al zoológico. Al llegar a la taquilla pregunta:
—¿Cuánto cuesta la entrada?
—Hasta los seis años es gratis, para los mayores de seis cuesta veinte pesos.
—Entonces, dos entradas, porque uno de mis hijos tiene tres años y el otro tiene siete recién cumplidos.
—Si me hubiese dicho que su hijo tenía seis, yo no me habría enterado —comenta el empleado de la taquilla.
—Usted no se habría enterado, pero nosotros sabemos qué edades tenemos —responde el padre.

No les digas a tus hijos que la vida es hermosa, demuéstralo con hechos. No les digas que sean fuertes, demuestra tu fortaleza.

Una mujer fue con su hijo a ver a Mahatma Gandhi para preguntarle cómo podía lograr que su hijo dejase de comer azúcar. Gandhi le contestó: «Regrese con su hijo dentro de dos semanas.» Dos semanas más tarde la mujer volvió con su hijo. Gandhi miró al niño y le dijo:

—Deja de comer azúcar.

—¿Por qué tuve que esperar quince días para esto? ¿No podía haberlo dicho hace dos semanas? —preguntó la madre desconcertada.

Gandhi contestó:

—No, porque hace dos semanas yo comía azúcar.*

Felicitarlos por lo que hacen bien

Felicita a tu hijo con palabras de aprobación como: «¡Muy buen trabajo!», «¡Maravilloso!», «¡Impresionante!», «Lo hiciste muy bien, ¡te felicito!», haciendo hincapié en el esfuerzo y no en el resultado. «Te esforzaste, diste lo mejor. Celebrémoslo, ¡no importa la nota!»

Criando hijos sanos con respecto a la frustración, estaremos ayudando a crear una sociedad más libre de tóxicos. ¡No lo olvidemos! Es por ti, por mí, por tus hijos y por las futuras generaciones.

5. LIBRES Y LEJOS DEL «FRUSTRADOR»

Si una persona frustra a otra es porque está frustrada. Piensa: «Si yo no puedo, tú tampoco podrás.» Como él no se atreve, tampoco quiere que los demás lo hagan y piensa (aun

---

* Extraído de: http://www.galeon.com/aprenderaaprender/actitudes/actghandi.htm

> Nunca llegarás a tu destino si te detienes a arrojar piedras a cada perro que te ladre.
>
> **Winston Churchill**

inconscientemente): «Tengo miedo, no me atrevo, y no dejaré que nadie se atreva.»

El autor estadounidense David J. Pollay cuenta:

Una vez iba viajando en taxi cuando un coche avanzó en dirección contraria. El chófer del taxi frenó bruscamente, dio un patinazo y por unos centímetros evitó chocar con otro automóvil. El conductor del coche que casi causó el accidente volvió la cabeza y empezó a insultarnos a gritos. El taxista solo sonrió y lo saludó amablemente.

—¿Por qué ha hecho eso? —le pregunté—. Ese hombre casi le rompe el coche y nos manda al hospital.

El taxista me respondió explicándome lo que dio en llamar «la ley del camión de basura».

—Muchas personas son como un camión de basura, andan cargadas de frustración, odio, enfado y decepción. A medida que la basura se va amontonando necesitan encontrar un lugar donde arrojarla. Si se lo permito, me la arrojarán a mí.

No permitas que nadie te elija para deshacerse de su basura. Actúa como lo hizo el taxista, no tomes nada como algo personal. Sonríe, saluda, deséale lo mejor y sigue adelante. ¡No te detengas!

3

EL NARCISISTA

Era como un gallo que creía que el
sol había salido para oírle cantar.

GEORGE ELIOT

1. YO, YO Y ¡NADIE MÁS QUE YO!

El narcisista es la persona que se ama a sí misma en exceso y vive en una permanente búsqueda de admiración. Su mundo se reduce a «Yo... yo... y yo...».

Nunca ve en sí misma el error ni cree tener defectos (por eso, por ejemplo, termina perdiendo su puesto de trabajo). Cuando un narcisista tiene que cumplir una orden o un encargo suele hacerlo mal, no porque se crea tonto sino porque se siente omnipotente y no cree necesario poner dedicación y cuidado en lo que hace.

El narcisista no tiene autocrítica ni le gusta ser evaluado. Solo se centra en lo que hace bien, no puede ver sus errores y mucho menos corregirlos. Si otra persona se atreve a señalarle un error, la mira de arriba abajo y asegura: «Yo sé cómo se hace... porque yo, y yo, y yo...» Cree que está en otro nivel y que los demás son sus sirvientes. Por eso terminan transformándose en personas soberbias.

¿Cuáles son las frases más frecuentes de un narcisista?

Tiene necesidad de lucirse y demostrar que conoce a gente importante.

«Yo soy asistente de...» «Yo conozco a...»

No hace caso de los consejos de los demás, aunque diga que los tendrá en cuenta hará lo que a él se le antoje.

«Sí, sí, ¡lo voy a hacer!»

De esta manera saluda a un famoso.

«¿Cómo es posible que no me conozcas?»

Al entrar en un lugar saluda a gritos para que los demás reparen en su presencia.

«¡Buenos díiiiiaaaaaas!»

Si está en un grupo, desviará la charla para ser el centro de la conversación... o la charla terminará para él. Cree que debe ser el centro del universo. En cambio, si lo ven triste y le dicen: «A todos nos ha pasado lo mismo», se siente insultado. ¡A él no se lo puede comparar con la gente común, es único!

«A mí me pasó algo similar.»

Cuando llega a un lugar, pide que lo acompañen a su «asiento reservado». Si es tratado de la misma manera que el resto de mortales, se enfurece.

«Por favor, ¿puede acompañarme hasta mi lugar?»

Expone a sus hijos como «modelos de belleza» que confirman su grandiosidad.

«Este es mi maravilloso hijo, ¡es guapo como su padre!»

De esta «simpática» manera anuncia a los demás que los honra con su presencia.

«Ya he llegado, te quedan dos deseos.»

Para él, nadie más es digno de ser amado.

«Te amo porque amas a quien yo amo: ¡a mí!»

Lo que el narcisista parece no comprender es que las frases que hablan de sus virtudes no son creíbles. Las virtudes no se dicen, no se autopromocionan, se muestran en la conducta.

Veamos los rasgos más sobresalientes del narcisista:

Dice de sí mismo: «Soy grandioso»

– Es arrogante, fanfarrón, pagado de sí mismo.
– Se siente poderoso, brillante y poseedor de carisma (lo tenga o no). Cuando la realidad lo golpea, demos-

trándole que no es tan «especial» como cree, se cae, se deprime; pero enseguida se recompone y se levanta. Su lema es: «Si no soy perfecto, no soy nada.» Para el narcisista, la vida es «todo o nada».

– Cuando recuerda el pasado lo cuenta como le hubiese gustado que fuera, no como en realidad fue. Lo distorsiona para adaptarlo a su grandiosidad.

– Si el narcisista es líder, dirá a su gente: «¡Qué privilegio es para ti poder trabajar conmigo!» De esta manera intenta tapar de algún modo los sentimientos de aburrimiento, vacío interno e inutilidad que siguen vivos en su interior. Por lo general es un mal líder, ya que al estar exclusivamente centrado en sí mismo no sabe construir un equipo. Dice: «Mi grupo es el mejor.» En realidad todos, incluido él, ¡son un caos!, pero no lo ve.

Cuanto más narcisismo hay en un líder menos eficiente es, porque no se cuestiona nada. No es necesario sentirse totalmente seguro, ya que el exceso de confianza no permite el cuestionamiento. La capacidad de autocrítica nos permite dudar para poder elegir la mejor opción, nos permite decirnos: «No me siento seguro como líder, ¿qué puedo hacer?»

No tiene empatía

– El otro no existe. En su mundo solo existe él, y si busca a alguien es para ver qué puede obtener.

– No busca el aplauso validador del otro, porque el otro no existe para él, no le interesa la gente. No le pregunta nada a nadie, las cosas son como él dice y punto.

– No necesita la opinión ni la ayuda del otro (a quien

desprecia) para llegar a la cima, porque ¡ya está en la cima! Siente que ese lugar es exclusivamente suyo y le altera que alguien (entre los pocos que están «en su mismo nivel») se lo dispute.

– Cuando los demás no reconocen que es brillante, se sorprende y exclama: «¡No pueden ver mi grandeza!» No entiende cómo es posible que la gente no reconozca el lugar de preponderancia que cree ocupar: «¡Qué mal está la gente para no ver algo tan obvio!», piensa. No tiene dudas de que es el número uno y, por lo tanto, debe ser admirado.

> Lo que enceguece no es el amor, sino el amor propio.
>
> Voltaire

– No necesita la confirmación de que es el mejor, está seguro de que lo es.

«Vende» su grandeza

– El narcisista, con su personalidad tóxica centrada en su propia persona, «vende» seguridad en sí mismo, decisión, ambición, fortaleza. Hasta que aparece alguien que sabe más que él y empieza el conflicto. O hasta que, con el paso del tiempo, la gente que lo rodea se da cuenta de que no es tan maravilloso ni único como él pretende hacerles creer.

– Constantemente se autopromociona diciendo: «Yo puedo...» «Yo sé cómo hacerlo...» «Yo tengo...» Pero, ¡atención!: las virtudes no se dicen, se demuestran en la conducta. La autopromoción provoca el efecto contrario al deseado. Si digo: «Estas son mis virtudes», difícilmente me creerán. Solo quedará en evidencia mi lado narcisista.

Vende «seducción impaciente»

– En general tiene malas estrategias de seducción y, cuando le fallan, utiliza las peores, las más burdas y obvias. Si no logra su objetivo, insiste con más de lo mismo, exagerando. Así genera aún más rechazo por parte de los demás.

Un cuervo robó a unos pastores un pedazo de carne y se retiró a un árbol. Lo vio una zorra que, deseando apoderarse de aquella carne empezó a halagar al cuervo, elogió sus elegantes proporciones y su gran belleza. Por fin la zorra agregó que si tuviera una voz tan hermosa como su cuerpo no habría nadie mejor dotado que él para ser el rey de las aves.

El cuervo, para demostrarle a la zorra que no tenía una gran voz, soltó la carne para lanzar con orgullo fuertes gritos. La zorra, sin perder tiempo, cogió la carne y le dijo:

> **El orgullo precede a la caída.**
> **Proverbio**

—Amigo cuervo, si además de vanidad tuvieras entendimiento, nada más te faltaría realmente para ser el rey de las aves.*

Es superficial

El narcisista cree y «vende» que tiene todo lo que una persona pueda desear, pero en realidad:

– No tiene intimidad (física ni emocional).
– No tiene charlas profundas sino superficiales.

* *La zorra y el cuervo gritón*, fábula de Esopo.

- No tiene amigos; tiene admiradores o contactos (para alcanzar sus ambiciones).
- No tiene pareja; tiene alguien que lo idealiza.
- No tiene humildad; busca ser tratado con «favor especial» sin dar nada a cambio por ello.
- No demuestra admiración por los demás; envidia a quienes llegan a la cima o son más capaces que él.
- No posee tolerancia a la crítica; es verbalmente agresivo cuando alguien lo cuestiona.
- No conoce la calidez, es frío con la gente. La persona narcisista se siente tan omnipotente, que no es consciente del maltrato que les da a los demás.

> **Para los vanidosos todos los demás son admiradores.**
>
> **Antoine de Saint-Exupéry**

No tiene autocrítica

- Deja siempre bien claro que él y todo lo que hace (o tiene) es lo mejor. Aunque en realidad nada, ni siquiera él, es tan bueno como él cree. No lo ve porque no tiene autocrítica. No puede ver sus errores ni hacer un *insight*, darse cuenta.
- Demuestra siempre a los demás que él lo sabe todo, pues un narcisista ¡no puede no saber!

No planifica un futuro de largo alcance

- Vislumbra la foto de un futuro de grandeza, pero no traza un plan que pueda hacerlo realidad. No ve el árbol en el bosque.

Es envidioso

- No quiere que nadie le robe el protagonismo o que alguien de su equipo sepa más que él, porque piensa que de ser así no se someterá a su autoridad.

Como ejemplo puedo citar una ocasión en que mi profesor de griego nos dijo: «Quiero que quede claro que el que sabe soy yo, y cuando terminen esta asignatura seguirán sin saber griego.»

2. SE BUSCA ADMIRADOR

Como ya mencionamos, el narcisista, más que una pareja, una persona con quien construir un proyecto en común, busca tener a su lado a alguien que lo idealice, que no vea cómo es en realidad. Es incapaz de interesarse por lo que siente el otro, no tiene intimidad con su pareja, ni emocional ni física. No disfruta del sexo, lo toma como un marcador: «Estuve bien, ¿no?»

¿Qué cosas intenta encontrar un narcisista a la hora de formar pareja?

- Que el otro sea un *masoquista* que alimente su idealización y a quien pueda despreciar por no alcanzar el nivel que pretende. Su carencia de intimidad y empatía hacen que no sepa amar.
- Que las heridas infantiles y vulnerabilidades del otro no sean sanadas sino «tapadas» con sus sentimientos de grandiosidad.
- Que el otro le aporte aquello de lo que él carece: posición social, estatus, inteligencia, poder, dinero o algún atributo notable.

En realidad, el narcisista, que solo es capaz de amar a una persona —a sí mismo—, no busca una pareja para amarla, respetarla y honrarla, para recorrer junto a otra persona un camino de crecimiento, sino para tener a alguien que acepte de un modo servil reflejar la imagen de lo que él cree ser.

> El que ama, se hace humilde. Aquellos que aman, por decirlo de alguna manera, renuncian a una parte de su narcisismo.
>
> Sigmund Freud

3. A UN PASO DE LA OMNIPOTENCIA

El narcisista siempre asegura que el error está fuera: «No me dieron los recursos»; «No me ayudaron»; «No me lo mandaron»; «No me lo dijeron». Ellos lo hacen todo bien, por lo que se transforman en *omnipotentes*.

No trabajan en equipo porque son envidiosos de quienes son más capaces que ellos, agreden verbalmente cuando se sienten criticados o cuestionados, se sienten con inmunidad diplomática ante los demás y creen que merecen favores de la gente sin por eso tener que dar nada a cambio. Se consideran tan grandiosos que no son conscientes del maltrato que le dan a los demás. Como solo ven lo que hacen bien y lo magnifican, estos personajes se sienten omnipotentes.

Claro está, para que un narcisista pueda actuar de esta manera tiene que encontrar personas que solo ven lo que hacen mal y adoptan una actitud de impotencia frente a la vida, las que dicen: «Humm... yo no sé... ¡es muy difícil!» Quien solo se enfoca en lo que hace mal, no puede conectarse con lo que hace bien; eso es sin duda un problema. Pero aquel que solo ve lo que hace bien, siente vergüenza de aceptar o mostrar su parte débil y no soporta que le señalen un error; aunque no lo sepa, también tiene un grave problema.

Una de las formas que adopta la omnipotencia narcisista es la de «superhéroe». Es un narcisista, pero más social. Sale a salvar, ayuda a todo el mundo, pero no como un acto de bondad, sino porque él todo lo puede. Entre sus rutinas no figura ir al médico, cuando tiene una dificultad no pide consejos, no tiene mentores y es muy poco probable que se deje corregir. Lo cual indica que, pese a lo que aparenta, no tiene una estima sólida. Si la tuviera, en lugar de no hacer caso del error reflexionaría: «¿Qué puedo aprender de esta situación para seguir creciendo?»; «¿Qué es lo que todavía no sé y tengo que aprender?».

¿Qué podemos hacer los padres para construir la estima de nuestros hijos, para que no se crean Superman pero tampoco el último de la fila?

- *Ser ejemplo.* Para los hijos siempre es más importante lo que ellos ven en nosotros que cualquier cosa que les podamos decir.
- *Valorarlos.* A todos nos gusta que nos afirmen y nos validen. La valoración se transforma en seguridad.
- *Transmitir responsabilidad.* En la agenda de nuestros hijos tiene que haber responsabilidades acordes a la edad.
- *Enseñar que error no es sinónimo de fracaso.* De lo contrario, es posible que para evitar deprimirse lo nieguen y se conviertan en narcisistas.

Mientras Thomas Edison investigaba la manera de producir industrialmente la bombilla eléctrica para la Edison

General Electric, probó miles de materiales en su búsqueda de un filamento que mejorara la vida útil de la bombilla. Finalmente encontró el filamento perfecto: un hilo de algodón carbonizado. Pero antes, cuando se acercaba a la fecha límite para hallar la solución, un asistente le dijo: «Esto es un desastre. Probamos miles de materiales y ninguno sirve», a lo que Edison respondió: «Hemos avanzado muchísimo: ¡ya sabemos que todos esos materiales no sirven!»

Los errores sirven para aprender y no hay motivo para esconderlos o avergonzarse. Tenemos que ver los errores de manera positiva, porque sin ellos no sería posible crecer. Todos estamos en construcción, porque todos tenemos algo nuevo que aprender cada día.

Aprender a celebrar lo que hacemos bien con la misma intensidad con la que nos esmeramos en corregir lo que hacemos mal nos pone a salvo de la ilusión de omnipotencia propia del narcisista.

4. NUESTRA ACTITUD FRENTE A UN NARCISISTA

Un ser humano con una estructura de personalidad narcisista es tóxico. ¿Qué hacer frente a él?

Intentar mostrarle sus errores es una pérdida de tiempo, ya que no posee autocrítica. ¡Él es Dios!

Si el narcisista es tu jefe, lo recomendable es que no brilles o sobresalgas demasiado. No le presentes tus propias ideas creativas, actúa de manera que parezca que surgieron de él. Dale a menudo una dosis de admiración: «Jefe, ¡usted es el mejor!»

Si el narcisista es tu empleado, dile: «Algún día estarás en mi lugar.» (Si no se integra al grupo habrá que prescindir de él.)

Todos somos valiosos. Todos fuimos creados con un potencial ilimitado que necesitamos aprender a desarrollar, con un propósito de vida por descubrir y sueños por cumplir de acuerdo a ese propósito. Nadie es mejor (ni peor) que otro. Valórate, ámate sanamente y no dejes que ningún narcisista te rebaje o te quite tu valor.

> Si alguien dice que la perfección no existe, es porque no me conoce.
>
> **Un narcisista**

4

EL PREPOTENTE

> El poder es como un explosivo: o
> se maneja con cuidado, o estalla.
>
> ENRIQUE TIERNO GALVÁN

1. TÓXICOS × 2

La naturaleza de Dios es poder. Dios es todopoderoso y cuando creó al ser humano compartió con él ese poder. Es decir que Dios nos creó para que tengamos poder. El hombre busca poder en el ADN por su propio deseo de poder. Pero suele ser mal visto que alguien diga: «Yo quiero tener poder.» ¿Por qué? Porque se ha confundido el poder con el abuso de poder. El poder está en nuestra naturaleza. El hecho es que cuando abusamos de ese poder nos volvemos personas tóxicas para quienes a diario tienen que compartir la vida con nosotros y para nosotros mismos. Porque al hacerlo poco a poco vamos creyendo ser algo que no somos y vamos otorgándole más poder a aquello que creemos ser.

Veamos en qué niveles de poder tóxico se suele desenvolver el ser humano.

Prepotencia

¿Qué es la prepotencia? Es el mal uso del poder. El poder no es bueno ni malo, es como un martillo. Lo usas para lastimar a alguien o para clavar un clavo. *El poder no corrompe. Será tal como sea el corazón de quien lo manipula.* Cuando ese corazón está herido, aparece la prepotencia.

Hay personas que tienen el corazón enfermo pero ni ellos lo saben... hasta que tienen poder. Cuando tienen un poco de poder, se vuelven déspotas. Y los demás se sorprenden: «Esta persona no tenía dinero y ahora que lo tiene, lastima a los otros»; «Era buena persona pero ahora que tiene poder, se ha corrompido». No es que el poder lo corrompió, es que tenía el corazón herido y el poder activó, sacó a la luz sus frustraciones. Si a una persona herida en el trabajo le dan un poco de poder, empezará a maltratar a todos, a gritar, a descalificar a los demás, excepto al hijo del dueño. De él para arriba tratará bien a todos, pero de él para abajo maltratará a todos. Creerán que el poder lo corrompió pero la verdad es que le desató la frustración (que él mismo desconocía tener).

> La prepotencia cerrará las puertas que tu inteligencia consiga abrir.
>
> **Ramón Veloz**

Hay personas que tienen poder y lo transforman en prepotencia porque piensan que el otro no es un ser humano, sino un objeto.

Para el psicópata, el otro es un adorno, un accesorio, un objeto que se usa y se descarta. El psicópata busca el poder. En realidad, todos los seres humanos usamos el poder, pero el psicópata lo hace para lastimar a un objeto, llámese pareja, amigos, compañeros, etc. Confunden el poder con la prepotencia. Un novio inseguro que también tiene el corazón herido se pondrá celoso, vigilará, descalificará y le dirá a su novia qué hacer y qué no hacer: «Harás lo que yo te diga»; «No te vistas con esa ropa que no me gusta»; «Cállate». Esa persona tiene el corazón herido. Cada vez que haya poder junto con un corazón herido, ese poder se transformará en prepotencia, es decir, un poder para herir. De una persona fanfarrona dicen: «Se cree importante porque tiene poder.» La verdad es que se cree importante porque tiene el corazón herido y necesita mostrar que sabe, que tiene y que puede. Por eso se habla del abuso de poder, pero el poder no es malo ni bueno. Si el corazón está herido, el poder herirá.

Impotencia

Si solamente veo mis errores,
me transformo en impotente.

Cuando veo solo mis errores, estoy en el otro extremo y tampoco veo el cuadro completo. No veo lo que hago bien o regular, solo veo lo malo. El doctor Marcelo R. Ceberio hace una clasificación de las personas con esta característica. Menciona que la estima no viene de afuera hacia dentro y nos habla de Cenicientas y de Patitos Feos.*

* Marcelo R. Ceberio, *Cenicientas y Patitos Feos*, Herder, Barcelona, 2014.

- **La «buenita».** Es la niña tonta que cree que todos son buenos. «Lo conocí hace cinco minutos, le presté dinero y nos fuimos a vivir juntos... porque me dijo que me amaba.»
Es la mujer que cree que todo el mundo es bueno y guapo, que en todas partes hay amor y que su pareja la ama a pesar de serle infiel. No habla de su potencial, de sus cualidades valiosas porque lo vive como egoísmo, como soberbia. En realidad es una actitud de falsa humildad, porque solo se ve parcialmente y sus errores se agrandan hasta convertirse en impotencia.
- **El celoso o envidioso.** Solo ve sus errores, sus debilidades. El otro siempre es mejor que él. Si alguien le cuenta que lo ascendieron en el trabajo, comenta: «Ay qué bien, qué bueno», pero lo dice con voz entrecortada. Eso es envidia, porque no soporta lo bueno de los demás.
- **El mendigo del amor.** Cuando le preguntan cómo está, dice: «Fatal.» Vive quejándose de que todo es difícil. No habla de lo que le pasa en realidad. Intenta dar lástima. «No quiero molestar... ¿tienes un minutito o te molesto?»; «¡Mejor me voy! Vengo después.» «Ay, qué cansado estoy»; «Quiero venir el día de la fiesta, pero no sé si me van a dejar». Siempre elige de entre lo malo y lo malo, es un limosnero.
- **El inseguro que nada decide.** «¿Qué hago, voy o no voy?»; «¿Qué harías en mi lugar?»; «¿Me caso o me divorcio?»; «¿Se lo digo o no se lo digo?»; «¡Para qué se lo habré dicho!». Vive dudando de manera permanente, todo es inseguridad.
- **El felpudo.** Es el bufón de la corte. Los sádicos lo eligen «para limpiarse los zapatos». Si dices: «A mí me manipularon, me usaron, me maltrataron», tienes que

agregarle «porque me puse de felpudo». Si tuviste un jefe maltratador y manipulador es porque te colocaste en posición de felpudo.

Cuando solo vemos parcialmente aparece el personaje, pero cuando vemos el cuadro completo podemos crecer, activarnos y avanzar para que nos vaya bien. Veamos ahora algunas enseñanzas.

¿Qué le pasa al impotente? Se pone en el papel de víctima, llora por los rincones y dice: «No puedo, no lo logro, es muy difícil, me cuesta mucho.» Si pierde el trabajo, se lamenta: «Y ahora, ¿qué voy a hacer yo solita? No puedo sola, ¡sufro mucho en la vida!»

La impotencia consiste en ponerse en el papel de víctima. En realidad, el impotente está resentido porque le da rabia que otros logren cosas y él no. «En cambio a mí todo me cuesta un montón, ¡la vida es tan difícil!»

Lee con atención esta poesía:

> Nada sobre esta tierra puede detener al hombre que posee la correcta actitud mental para lograr su meta. Nada sobre esta tierra puede ayudar al hombre con la incorrecta actitud mental.
>
> Thomas Jefferson

I

Voy caminando por la calle
Hay un agujero profundo en la acera
Me caigo
Estoy perdida... No sé qué hacer
No es culpa mía
Tardo siglos en salir.

II

Voy caminando por la misma calle
Hay un agujero profundo en la acera
Hago como que no lo veo
Me vuelvo a caer
No puedo creer que haya caído en el mismo lugar
Pero, no es culpa mía
Tardo bastante tiempo en salir.

III

Voy caminando por la misma calle
Hay un agujero profundo en la acera
Veo que está allí
Aun así me caigo... ya es un hábito
Mis ojos están abiertos
Sé dónde estoy
Es culpa mía
Salgo rápidamente.

IV

Voy caminando por la misma calle
Hay un agujero profundo en la acera
Lo esquivo.

V

*Voy caminando por otra calle.**

Seguramente conocerás a alguien impotente, que siempre se está quejando de su «suerte en la vida», de que «siempre le pasa lo mismo», de que «no es su culpa», de «cómo lo tratan los demás», etc., etc., etc. No nacimos para ser vícti-

---

* Portia Nelson: «Autobiografía en cinco capítulos breves.»

mas indefensas de nuestras circunstancias, sino para tomar las riendas de nuestra vida, para representar el papel protagonista, y sortear cualquier obstáculo hasta llegar a alcanzar todos y cada uno de nuestros sueños.

2. EL PODER DEL CAMBIO

- Todo cambio que no cambie la mente, no es un cambio.
- Todo cambio que no cambie nuestra manera de pensar, no es un cambio. Del mismo modo que no podemos ponernos un traje encima de otro, tampoco podemos incorporar ideas nuevas si antes no eliminamos las viejas.

La única manera de superar una crisis es seguir adelante, aprender a funcionar de un modo nuevo, distinto. Tenemos que construir en un nuevo escenario, ya sea en el ámbito de pareja, laboral, económico, etc. Es importante comprometerse para el cambio. El primer cambio es el más difícil; el segundo es mucho más sencillo. Remendar no sirve, no cambia la situación. Un cambio, aunque sea pequeño, acarrea una catarata de cambios. Podemos compararlo a una ficha de dominó que cae y empuja a las que están detrás, a una bola de nieve que se precipita desde la cima de una montaña y crece, formando una avalancha en su caída. Así como existen «círculos negativos» existen «círculos virtuosos» que empiezan con un pequeño cambio.

Reconozcamos que la diferencia entre «extraordinario» y «ordinario» son cinco letras que forman la palabra «extra». En los seminarios, suelo pedirle a los participantes que se saluden, y luego les digo que vuelvan a saludarse, pero con un poco más de esfuerzo, y la gente lo hace. Después les pido que lo mejoren otra vez y otra vez más. La gente comienza a saludarse cada vez con más euforia y comienza a sonreír, a elevar al otro y todo termina en un estallido de risas y saludos efusivos. ¡Un pequeño cambio mejora la atmósfera grupal y trae más alegría y pasión!

Un equipo de 11 jugadores motivados en el campo son 50, y 11 desmotivados son 4. Para hacer una buena jugada solo es necesario empezar con un pequeño cambio. *Lo mínimo siempre es lo máximo.* Toda la vida se compone de cambios, todo cambia. Así pues, gestionemos los mejores cambios.

Un barco que va navegando desvía su rumbo cinco grados hacia el norte, a babor (derecha) o a estribor (izquierda). En el momento, ese cambio es casi imperceptible. Pero si continúa avanzando, a la distancia se percibirá el cambio realizado, que se verá multiplicado.

> Si quieres cambiar al mundo, cámbiate a ti mismo.
>
> Mahatma Gandhi

Tener la capacidad de cambiar es tener un espíritu con capacidad de aprender. Es ser humilde. La humildad es un concepto que por lo general no está muy bien comprendido. Se lo confunde con:

- «Buenas costumbres»: por ejemplo si saludo, o viajo en autobús, se cree que soy humilde.
- Realizar ciertas tareas: como ser ingeniero y cocinar para todos o ser millonario y limpiar el suelo.
- No tener estima o seguridad, sentir desprecio por uno mismo: decir, por ejemplo, «No valgo nada».

– Pobreza económica: si alguien no tiene dinero lo denominan «persona humilde».

Humildad viene de *humus* (tierra) y es la capacidad de aprender, y no alardear como lo hace el prepotente. Humildad se tiene con o sin dinero, con o sin profesión, porque es una actitud interna. Y cuando esta es sana estamos listos para desenvolvernos fuera del círculo de la toxicidad, sabemos qué cambios asumir y qué caminos dejar atrás y no volver a tomar.

3. DE IMPOTENTE Y PREPOTENTE A POTENTE

¿Cuándo estamos sanos? Cuando administramos poder de una manera sana y somos potentes. ¿En qué áreas manejamos poder? Veamos.

El poder de los contactos

Tu agenda es un poder. Cuanta más gente conoces, más poder tienes. En una oportunidad yo sentía un malestar físico y consulté a varios médicos hasta que llamé al doctor Juan Carlos Kusnetzoff. Le pregunté: «¿Conoces al mejor médico de tal especialidad?» Me respondió: «Sí, es amigo mío, llámalo de mi parte.» El médico me atendió, en una entrevista exhaustiva me dio una medicación y los dolores desaparecieron. Entonces entendí la importancia de los contactos. Decídete a conocer personas nuevas y a ampliar tu agenda, incluyendo regularmente dos o tres personas nuevas porque ¡necesitas el poder de los contactos!

El poder del saber

Saber es poder. Si necesitas operarte y quieres que lo haga un neurocirujano famoso que haya estudiado en Harvard, seguramente sus honorarios serán elevadísimos. ¿Por qué? Porque cuando una persona sabe mucho, tiene más poder. Pero el poder no ha de buscar la prepotencia ni la impotencia, ha de buscar la potencia: crear relaciones interpersonales positivas para ti mismo y para los demás. Dice la Biblia que «antes del quebrantamiento es la soberbia». El orgullo anticipa grandes desastres. Justamente porque el orgulloso cree que no tiene nada que aprender.

Lo que tú sabes es tu conocimiento.

Busca crecer cada día. ¡Aprende! Desde chico Superman tuvo visión de rayos X que le permitía ver a través de los objetos sólidos y un oído que le permitía oír desde la distancia. Su madre notó que se alteraba porque no sabía manejar esas capacidades y le dijo: «Hijo, mírame.» Así le enseñó a usar su poder, centrándose en ella y no en la confusión de las voces y los objetos que oía y veía. Le enseñó a tener poder sobre su propio poder para que supiera usarlo para bien. ¿Cómo lo consiguió? Enseñándole que hay poder en el saber.

> El secreto de la sabiduría, del poder y del conocimiento es la humildad.
>
> **Ernest Hemingway**

El poder de ser dueño

Ser dueño también es un poder. Una cosa es ser un empleado y otra cosa muy diferente es ser el jefe. Procura ser jefe para que puedas poner en marcha la capacidad de lide-razgo, de creatividad que está en tu interior, no para actuar con prepotencia ni con impotencia. ¿Te gustaría ser dueño?

El poder de la gente

Más relaciones es poder. El poder de estar con el otro, de construir vínculos sanos que nos conectarán con las mejores oportunidades de nuestra vida.

Por supuesto, quien logra manejar el poder en cualquier área es una persona que en primer lugar tiene una valoración realista de sí misma. Te preguntarás: «¿Qué debo hacer para valorarme de un modo realista?» Veamos:

Tengo que ponerme en primer lugar

¿Eso es egoísmo? No lo es. Sentir culpa por ponernos a nosotros mismos en primer lugar es una falsa modestia. Socialmente está mal visto pensar primero en uno mismo; sin embargo, esa es la mejor manera de ayudar. Por ejemplo, cuando hay un accidente, lo primero que hacen los socorristas es definir un área segura (desviar el tránsito, cercar el perímetro, etc.) para poder trabajar. Si los socorristas bajaran de la ambulancia y fueran directamente a rescatar a los heridos sin detener el tránsito, correrían el riesgo de ser atropellados y sumar nuevos heridos al accidente.

> El hombre más poderoso es el que es dueño de sí mismo.
>
> Séneca

«Me ayudo a mí mismo y que el otro se las apañe», es ser egoísta. «Me pongo en primer lugar porque al cuidarme a mí mismo puedo ayudar al otro», es tener una estima sana.

Ponernos en primer lugar significa cuidarnos, regalarnos, tratarnos bien. La omnipotencia siempre pone primero a los demás, pero la potencia nos pone primero a nosotros mismos. ¿Cuánto hace que no te regalas algo? No se trata simplemente de «me compré esto para mí», sino de disfrutar algo, tomarte un día, una tarde, y hacer algo para ti: recibir un masaje relajante, ir al cine, leer un buen libro. Cuando aceptamos el cuadro completo nos sentimos bien con nosotros mismos, y sabemos que nos merecemos premios. Cuando nos sentimos bien con nosotros mismos sonreímos, felicitamos a otros y terminamos siendo promocionados adonde vayamos.

Tengo que aceptar todas mis partes

Cuando por falsa humildad no reconocemos o minimizamos nuestro potencial, estamos robando a los demás la posibilidad de contar con nuestro talento. Por ejemplo, si soy capaz de hacer un trabajo de carpintería y no lo reconozco, le quito al otro la posibilidad de contar con mi ayuda.

Tenemos que aprender a reconocer sin vergüenza y sin miedo lo que hacemos bien. Si reconocemos adecuadamente nuestras virtudes, lo que sabemos hacer bien, no tendremos problemas para aceptar una sugerencia de mejora, y de esa manera podremos seguir creciendo.

Posee una estima sana quien descubre sus fortalezas. El pez sabe nadar, pero no sabe trepar; el mono sabe trepar, pero no sabe nadar, y el pato sabe nadar y volar, pero ninguna de las dos cosas le sale muy bien, aunque por lo menos sabe hacer dos. Nadie sabe hacer todo. La gente siempre te va a pedir que seas perfecto, pero no te sientas menos por no serlo, recuerda que estás creciendo. Nada ni nadie puede determinar tu futuro, solo lo harán las actitudes verdaderas o falsas que incorpores en tu mente. Nuestra estima debe estar basada en quienes *somos* (ser) y no en nuestros logros (hacer).

La autoestima no viene de fuera hacia dentro, viene de dentro hacia fuera. Si solo ves tus virtudes, querrás que te aplaudan; si solo ves tus defectos, querrás que los demás no los vean. Pero cuando ves el cuadro completo, no necesitarás a nadie para que te aplauda ni para que te valide, porque eso lo harás por ti mismo. Aceptarás lo que haces bien, lo que haces no tan bien y lo que haces mal.

La mejor manera de que nuestros hijos tengan buena estima no es decirles: «Quiérete, ámate, cuídate, ayúdate», sino que ellos nos vean a nosotros mismos aceptar y celebrar las cosas que hacemos bien y corregir lo que hacemos mal. Esa aceptación interna es la mejor manera de transmitirles una buena estima a nuestros hijos y se llama *identificación*. Autoestima no es mirarse al espejo y lanzarle besitos. Autoestima es: «Yo sé lo que hago bien, yo sé lo que hago regular y yo sé lo que hago mal.»

Todos tenemos habilidades para algunas cosas y para otras no. Cada vez que veas algo que haces mal, pon enseguida al lado algo que haces bastante bien y algo que haces francamente bien. Y cada vez que te digas «esto me salió bien», agrégale «pero esto me sale regular y esto me sale mal».

Haz las paces contigo mismo. Declara: «Acepto que hay cosas que hago bien, cosas que hago regular y cosas que hago mal; que hay cosas para las que soy muy bueno, otras para las que no soy tan bueno y otras para las que soy un desastre; que en algunas cosas soy muy inteligente, en otras soy más o menos inteligente y en otras soy un caos.»

Con la misma intensidad que celebramos lo que nos sale bien, tenemos que corregir lo que hacemos mal. Y con la misma intensidad con la que vemos lo malo, el error (para corregirlo), tenemos que celebrar lo que hacemos bien. La estima nos la damos nosotros mismos y así somos libres de la gente.

Mi victoria no es solo saber qué cosas hago bien, sino también saber qué cosas hago mal. Porque mi fe y mi potencial me hacen multiplicar lo que hago bien y corregir lo que hago mal y transformarlo en crecimiento y en nuevos logros.

Cuando alguien solo ve lo bueno,
la potencia se hace omnipotencia;
y cuando solo ve los defectos,
los errores se hacen impotencia.

Cuando no se ve el cuadro completo, pierde la persona y se transforma en personaje que vive buscando la felicitación. Pero cuando tú ves todo el cuadro completo, ves con la misma intensidad lo que haces bien, regular y mal. No te castigas ni te sientes culpable. Cuando aceptas las tres cosas en el mismo nivel, te llenas de fe y puedes crecer y transformar tu potencial en sueños cumplidos, en resultados extraordinarios.

Cuando hagas algo bien y te aplaudan, ¡cuidado! Mira también lo que haces mal porque hay que seguir creciendo.

Y recuerda:

Ni impotente, ni prepotente... ¡*potente!* Cuando la toxicidad salga de tu vida, estarás mucho más cerca de alcanzar todo lo que te propongas.

5

EL MIEDOSO

> No es valiente el que no tiene miedo, sino el que sabe conquistarlo.
>
> NELSON MANDELA

1. ¡CUIDADO!

¿Qué es el miedo? El miedo es un mecanismo de defensa. Esta emoción aparece cuando una persona percibe un peligro (real o imaginario), una amenaza. El miedo es normal y beneficioso si la amenaza es real, puesto que nos ayuda a preservarnos, al permitirnos actuar rápidamente y con eficacia. Además, el miedo es necesario para nuestra adaptación al medio y a las más variadas situaciones.

A una persona normal, cuando hay un peligro, el estómago se le cierra y la sangre se le va a los pies para poder huir, o a las manos para poder pelear. Frente a una situación que nos produce miedo, el cuerpo reacciona para aumentar las posibilidades de supervivencia. Todos nuestros sentidos se agudizan para estar más enfocados. Esto sucede de forma automática, lo cual es una gran ventaja, porque no tenemos que proponernos activar todas estas reacciones. De este modo, nuestra tarea simplemente se concentra en analizar la situación y tomar la mejor decisión frente a la amenaza.

Frente a una amenaza, siempre aparece el impulso que nos lleva a luchar o a huir. Los animales fuertes, como el león, atacan; los más débiles, como el ciervo, huyen. Cuando un animal es débil o está enfermo, teme y huye. Cuando un animal es fuerte y está seguro, se irrita y ataca.

A lo largo de la vida, las personas tenemos miedos. Hay situaciones reales en las que necesitamos tener miedo. Esos miedos ante los peligros reales nunca los tenemos que superar. ¿Por qué? Porque el miedo es una emoción que alerta y permite que se abran nuestros ojos, que la respiración sea más profunda, que la sangre se movilice para que seamos capaces de atacar o de huir.

Pero también podemos tener miedos que no son respuestas a peligros reales y se van creando con el tiempo.

El problema surge cuando estamos rodeados de personas miedosas que no nos dejan avanzar. Les contamos un proyecto, o una idea, y dicen:

- «¡Cuidado! ¿Y si te estafan? ¿Para qué vas a invertir? Mejor quédate como hasta ahora...»
- «Conozco un montón de gente que fue estafada, compraron su apartamento sobre plano ¡y hoy no tienen nada!»
- «Para mí que esa oferta es una trampa.»

Y en cualquier situación cotidiana, hacen comentarios de este tipo:

- «Cuidado al cruzar la calle, que la gente conduce como loca, ¡no vayas a tener un accidente!»
- «Abrígate, podrías enfermarte, hay muchos casos de gripe. He oído que ya han muerto tres personas.»

Las características más sobresalientes de los miedosos son:

- Se sienten observados mientras comparten alguna actividad en grupo.
- No quieren hablar en público, hacen todo lo posible por pasar desapercibidos.
- No les gusta comer en público.
- Les da mucha vergüenza ser tema de conversación de otros o que hagan chistes sobre ellos.
- Evitan saludar a personas famosas o de autoridad.
- Se ruborizan cuando están frente a situaciones que los incomodan.
- Evitan la mirada de los otros por temor a ser juzgados, o no validados.
- Sienten palpitaciones, temblores, sudoración frente a situaciones que sienten no controlar, frente a la posible crítica de otros.
- Poseen sentimientos de inferioridad, no se sienten capaces de asumir desafíos.
- Tienen miedo a ponerle límites a los demás y que por eso dejen de amarlos o los rechacen.
- Generalmente tienen baja autoestima.

¿Conoces a personas como estas? Seguramente a muchas. ¿Te identificaste con algunos de estos rasgos? Identificarlos es conocer que tenemos limitaciones y fortalezas, pero también nos permite saber que tenemos la capacidad de superarnos y actuar a nuestro favor.

Imagina que un soldado se encuentra en la trinchera en medio de la batalla. ¿Qué debe hacer? Tiene tres opciones:

- La primera es pensar en sus miedos y procurar salvarse a sí mismo. Entonces huirá hacia la retaguardia, se alejará de la batalla.
- Su segunda opción es concentrarse en su valor. El soldado se dirá a sí mismo: «¡Soy un hombre y actúo como un hombre!» A partir de ese pensamiento su reacción será correr hacia delante y enfrentarse a su enemigo, aunque lo más probable es que pierda la vida.
- La tercera alternativa para este soldado es aceptar que tiene miedo y también tiene valor. Esto le permitirá tomar la decisión correcta: quedarse en la trinchera peleando inteligentemente.

Tal como este soldado en su tercera alternativa, frente a los desafíos de la vida es preciso aceptar nuestras virtudes y limitaciones para luego poder tomar las decisiones más sabias.

> De lo que tengo miedo es de tu miedo.
>
> William Shakespeare

2. CRIANDO HIJOS SIN MIEDOS

Dijimos que el miedo es una emoción que nos alerta y permite que se abran nuestros ojos, que nuestra respiración sea más profunda, que la sangre se movilice para que seamos capaces de atacar o de huir. Pero como también señalamos, podemos tener miedos que no son reales y que se van creando con el tiempo.

¿Cómo son los miedos en la infancia?

La psicología evolutiva nos enseña que en los *bebés* los miedos son innatos. Los niños muy pequeños siempre temen los ruidos fuertes y también los objetos que se acercan rápido. Para calmarlos y brindarles seguridad hay que acariciarlos y sostenerlos en brazos.

Entre los 2 y los 3 años, a los miedos anteriores se suma el miedo a la separación. Esta es la razón por la que los niños pequeños no se dejan subir en brazos por personas que les resultan desconocidas. Ellos distinguen entre las personas que conocen y las que no. Saben perfectamente quién es su madre y quién es su padre, y no quieren separarse de ellos. Durante esta etapa también tienen miedo a los animales (debido a sus movimientos y ruidos).

Entre los 3 y los 4 años, además del miedo a los ruidos, a los desconocidos y a los animales, también aparece el miedo a la oscuridad y a quedarse solos, porque los niños saben que dependen de los demás. Son posesivos con su familia. Tienen miedo a los seres imaginarios (fantasmas, monstruos, etc.), ya que no distinguen lo real y lo imaginario; también tienen miedo a las tormentas. Estos miedos son los que más persisten en el tiempo, los más exagerados.

Entre los 6 y los 11 años aparece el miedo a los fantasmas, mientras los otros miedos empiezan poco a poco a decrecer. Los principales miedos se producen en el ámbito de la escuela y la familia. En esta etapa los niños tienen miedo a:

> No hace falta conocer el peligro para tener miedo; de hecho, los peligros desconocidos son los que inspiran más temor.
>
> **Alejandro Dumas**

1. Ser ridiculizados.
2. Ser presionados por sus padres.
3. Ser rechazados (confunden la crítica con el rechazo).

¿Qué podemos hacer los padres?

Lo mejor que podemos hacer los padres es mostrarles a nuestros hijos que son amados y protegidos. Debemos permitir que expresen sus propios miedos, sabiendo que cuentan con nosotros para vencerlos. Y debemos elogiar sus logros, enseñarles a tener fe en ellos mismos y hacerles sentir que son apreciados con frases como:

- «¡Qué bien lo has hecho!»
- «¡Qué grande eres!» (a los niños les gusta sentirse grandes).

Dar ejemplo también es un punto a tener en cuenta, ya que tanto el miedo como el valor son contagiosos.

¿Cuáles son los miedos en la adolescencia?

Los adolescentes tienen miedo a:

1. No saber quiénes son, no poseer identidad.
2. Ser desaprobados por sus pares.
3. Desconocer qué les deparará el futuro (cuando se ven incapaces recurren a la droga y al alcohol).

¿Cómo podemos ayudarles los padres?

¿Qué es lo que no debemos hacer nunca los padres?: ridiculizar a nuestros hijos por sus temores, sin importar la edad que tengan. Algunos padres los obligan a superar el miedo diciendo cosas como: «¡No has de tenerle miedo a los fantasmas, tonto!»; o «¡Sé un hombre!, ¿cómo le vas a tener miedo a la oscuridad?». Nosotros, como adultos, tenemos que alentarlos pero nunca forzarlos o ridiculizarlos.

Tampoco sobreprotegerlos: «¡Ay!, tiene miedo, pobrecito, ven con mamá.» El padre que sobreprotege a su hijo está mandando este mensaje: «Tú solo no puedes, es necesario que yo te cuide.»

¿Qué hacer entonces? En primer lugar, enseñar con el ejemplo. Mostrar que nuestras acciones de todos los días no están limitadas por miedos irracionales. De lo contrario, lograremos lo mismo que esos padres que les dicen a sus hijos: «¡Comparte tus juguetes, egoísta!», cuando ellos no comparten nada. Luego, comportarnos como lo hacen en el ejército. Un pelotón cuando va a la guerra toca música. Mostremos fe a nuestros hijos. Aunque estemos angustiados o preocupados, delante de ellos tenemos que ser fuertes porque nosotros somos sus protectores y cuidadores. Si un niño ve que la persona que lo tiene que cuidar tiene más miedo que él, le pedirá a Dios ¡que le mande otros padres!

Una antigua historia cuenta que un día un peregrino se encontró con la Peste y le preguntó adónde iba:

—A Bagdad —le contestó esta—, a matar a cinco mil personas.

Una semana después el peregrino se encontró de nuevo con la Peste que regresaba de su viaje y la interpeló indignado.

—¡Me dijiste que ibas a matar a cinco mil personas, y mataste a cincuenta mil!

—No —respondió la Peste—. Yo solo maté a cinco mil, el resto se murió de miedo.*

Si tuvimos la fortuna de haber sido criados de una manera sana, seremos capaces de reconocer a las personalidades tóxicas miedosas que todo el tiempo tratan de amedrentarnos. Muchos de ellos no lo hacen por maldad, sino que

* Citado por John Maxwell, *El peregrino y la peste.*

creen y están muy seguros de que, al hacerlo, nos están cuidando. Pero nos corresponde a nosotros saber cuándo este supuesto cuidado, en lugar de crear un temor que nos preserva, se convierte en toxicidad, nos anula y nos encierra dentro de alambradas que nos separan del mundo y de los sueños que debemos salir a conquistar.

3. BUENOS TRATOS

El miedo, como dijimos, surge frente a un peligro. Si hubiera un león y un conejo, ¿quién tendría miedo de quién? El conejo del león. ¿Por qué el león no tiene miedo del conejo? Porque el león tiene más poder. A más poder, menos miedo. Si el león estuviera delante de veinte hienas, ¿quién tendría miedo? El león. ¿Por qué? Porque en ese caso tendría menos poder. Es uno contra veinte hienas juntas. ¿Qué evalúa un animal para huir o atacar? Su poder, su velocidad, sus garras, sus fauces.

Tu nivel de miedo dependerá de cuánto poder tengas. Si tienes más poder que el factor que te provoca miedo, te enfrentarás a él. Es decir, que lo que necesitas no es no tener miedo, sino tener más poder. ¡Necesitas cultivar más poder! ¿Quién tiene más poder: el león o el conejo? El león. Pero ¿te acercarías al león porque tiene más poder que el conejo? No, porque el león podrá tener poder pero no es cordial, es hostil. Si un borracho ve a un agente de seguridad, ¿quién tendrá miedo? El borracho. ¿Por qué? Porque el poder lo tiene el agente de seguridad. Puedes acercarte tranquilamente a él porque tiene poder y, además, es cordial; es decir que desea compartir ese poder. *Poder y cordialidad*. Veamos cómo se entrelazan...

4. CUATRO MANERAS DE MANEJARNOS CON EL PODER:*

Poder con cordialidad

Si soy un buen médico, tengo el poder (la capacidad de saber curar). El poder puede consistir en tener conocimiento o experiencia, dinero, salud, contactos. Son todos poderes que tiene una persona, es decir capacidades para sobrevivir. Si un médico tiene el poder del conocimiento y además te trata bien, tiene poder y cordialidad. Entonces será un líder y la gente lo amará. A una persona que tiene poder, cordialidad y dinero y te paga la cena, ¿no lo amarías? Un buen dentista que te trata bien, será un líder con poder y cordialidad. Es decir que no basta con tener poder, hay que tener también cordialidad. Poder es la capacidad de actuar; cordialidad es la actitud positiva de que ese poder no se usará para causar daño sino para bendecir. Poder y cordialidad. La gente ama, respeta y sigue a los líderes con esas cualidades. Y además les pagan bien, los ascienden, los retienen.

Poder sin cordialidad

Las personas que tienen poder pero no tienen cordialidad son agresivas. Por ejemplo, un profesor tiene poder, pero si no es cordial, si es hostil, no es querido. Si vas al dentista y lo consideras el mejor del mundo, pero te dice: «Abra la boca, rápido», y además te anuncia que cuando aplique el torno te va a doler mucho pero tienes que sopor-

---

* Benjamin Wolman, *El niño ante el temor, el miedo y el terror*, Ediciones Lasser Press Mexicana, México D. F., 1979.

tarlo, está claro que ese profesional tiene poder pero no tiene cordialidad. No quiere usar el poder para tratarte bien. El avaro tiene el poder del dinero pero no paga nada, no invita. El abogado que no es honesto tiene el poder del conocimiento de las leyes, pero cobra de más o no defiende tus intereses. Este tipo de personas, que tienen poder pero en lugar de cordialidad tienen hostilidad, son peligrosos, dan miedo. Como los leones. ¡Cuidado con ellos!

Cordialidad sin poder

En este tercer nivel se encuentra el débil que es cordial. Es la persona que no tiene poder porque no estudió ni se preparó bien para una profesión, pero que trata bien a los demás. Personas muy cordiales pero sin el poder del dinero, ni del conocimiento, ni de la experiencia. Solo son cordiales, buena gente.

Sin poder ni cordialidad

Aquí está la persona débil que además es hostil, no tiene poder y te agrede. No sabe nada, no demuestra capacidad para nada y además te insulta. Esas personas provocan mucha rabia.

Por todo esto, unas relaciones interpersonales sanas serán aquellas que tienen:

PODER + CAPACIDAD + CORDIALIDAD

¿Por qué es útil saberlo?

Porque no basta con que nos vaya bien en lo económico, o con tener experiencia o la capacidad de estudiar, también es necesario tener el deseo y la habilidad de tratar bien al otro.

Porque cuanto más poder sano tengas, menos miedo tendrás.

5. VENCIENDO EL TEMOR

¿Cómo vencer los miedos?

Para vencer los miedos, necesitamos tener en cuenta tres tipos de poderes:

El poder de creer en mí (el poder personal)

- «Yo tengo la capacidad para resolver cualquier problema.»
- «Yo tengo la capacidad para hacer todo lo que me proponga.»
- «Yo creo en mí.»

Mientras no logres pensar y hablar de esta manera, no podrás afrontar tus miedos. Cree en ti mismo. Cree que tienes la capacidad de estudiar, de aprender, de mejorar. Si no tienes el poder de creer en ti mismo, llegarás siempre hasta la puerta y dirás: «No creo que pueda lograrlo.»

¡Puedes creer en ti mismo! Dios te ha dado habilidades, capacidades, que tal vez todavía no han salido a la luz pero están dentro de ti. Ese poder

> La confianza en uno mismo es el primer secreto del éxito.
>
> **Emerson**

llama y quiere salir porque es poder divino. El poder personal es saber que: «Yo puedo crecer, avanzar, levantarme, resolver mis dificultades ¡y lo voy a lograr!»

¿Qué opinión tienes de ti mismo?

El poder del otro

La gente inteligente se alía con el poder del otro. Si a mí me duele una muela, tengo que ir a un buen dentista. Necesito aliarme al poder del otro porque yo no lo puedo todo. Todos necesitamos a los demás, tanto al dentista que nos cura el dolor de muelas como al maquinista del tren que nos lleva de un lugar a otro. Es el poder de la alianza con el otro y es lo primero que aprendemos en la vida. Cuando somos bebés, dependemos de nuestros padres y lo primero que aprendemos no es el poder del yo (porque solos no podemos), sino el poder del otro (de nuestros cuidadores, que sí pueden). Así aprendimos a aliarnos. Por eso, cuando en la niñez oíamos un trueno, corríamos adonde estaban mamá y papá. En la oscuridad, ellos nos tomaban de la mano y nos decían: «Ven, que no es nada», y nos calmábamos.

¿Por qué Dios hizo este poder? Para que aprendamos a unirnos, a hacer alianza, ya que nosotros no podemos hacer todo pero hay otros que pueden hacer lo que nosotros no podemos. Y como somos inteligentes, creemos en nosotros pero también nos aliamos al poder del otro.

El poder del acuerdo

El verdadero poder consiste en creer en mí, aliarme con el poder del otro y con el poder de Dios que está en mis genes.

Si quieres ser una persona sin miedo, comienza por construir tu autoestima, por tener confianza en ti mismo. Como dijo el gran Charles Chaplin: «A medida que aprendí a tener amor propio, comprendí que siempre, sin importar la circunstancia, estoy en el lugar y el momento correcto; así que solo debo relajarme. Hoy sé que de lo que se trata es de... autoconfianza.»*

Pero no olvides incluir en tu vida también a los demás (todos necesitamos de alguien) y, sobre todo, a tu Creador, que te ha hecho a su imagen y semejanza, dotándote de poder, valor y confianza.

6. LIBRES DEL MIEDO... ¡Y DE LOS MIEDOSOS!

Un cavernícola sale de su cueva en busca de alimento porque tiene mucha hambre. Ve un mamut. ¿El cavernícola tiene miedo al mamut? Sí, claro. ¿Y qué hace? Vuelve a la cueva. Sin embargo, el hambre le gana, y el cavernícola vuelve a salir. Ve otra vez el mamut. ¿Tiene miedo? Sí. ¿Y qué hace? Agarra una piedra, inventa un arma, la mejora, mata al mamut y se lo come. ¿Por qué se enfrentó al mamut? Porque el hambre era mayor que su miedo. El cavernícola regresa a la cueva. Al rato, sale de nuevo y ve otro mamut. ¿Tiene miedo? Sí; pero lo mata y se lo come, porque el hambre es más grande que el miedo.

Al día siguiente al salir de la cueva el cavernícola ve un mamut y también un conejito. Decide dejar al mamut y se come al conejito. Al otro día sucede lo mismo: sale de la cueva, ve un mamut, pero pasa un conejito al que no le tiene miedo. El cavernícola se come al conejito y vuelve a la cueva.

Un día sale de la cueva la mujer cavernícola. Ve un mamut y un conejito. ¿Tiene miedo al mamut? Sí. Sin

* http://monserratcultural.blogspot.com.ar/2013_09_01_archive.html

embargo, ella piensa: «Podría comerme al conejito, pero me gustaría dejarles a mis hijos la imagen de que su madre fue una cazadora de mamuts.» Entonces, ella se enfrenta al mamut, lo mata y se lo come. ¿Qué la motiva? ¿El hambre? No; la motiva un sueño que es más grande que su miedo.

¡No debemos tener miedo de tener miedo! Todos tenemos un anhelo de superación, pero si ese anhelo está disminuido, el miedo te vence. Necesitamos soñar cosas más grandes que los miedos que tenemos, porque cuanto más grande soñemos, más grandes serán los mamuts que nos atreveremos a cazar. Hay una tensión entre el miedo y las ganas. Nos atrevemos a hacer cosas porque tenemos una necesidad que está insatisfecha y deseamos satisfacerla.

Si no tenemos miedo, es porque no estamos haciendo nada interesante con nuestra vida.

El tamaño de la persona es más importante que el tamaño del problema y de sus miedos. Lo que tememos perder se transforma en nuestra debilidad. Todos tenemos debilidades, y es algo que necesitamos aceptar, porque somos fuertes y débiles a la vez. Pero cuando no queremos perder en nada, «ni jugando a las canicas», manifestamos que estamos llenos de debilidades y pocas fortalezas. Sin embargo, cuando aceptamos que tenemos algunos temores, los importantes de la vida, esas debilidades se transforman en fortalezas por haberlas aceptado y limitado.

¡Tenemos que crecer más que nuestros problemas! Orison Swett Marden, fundador de la revista *Success Magazine*, dijo: «Los obstáculos te parecerán grandes o pequeños según tú seas grande o pequeño.»

El verdadero problema es no tener sueños grandes, porque siempre iremos a buscar los conejitos. Tenemos que ir tras metas grandes y decir: «Yo no nací para cazar conejos, ¡nací para cazar mamuts!» El sueño de la mujer cavernícola era dejarles a sus hijos y sus nietos un legado de valor. Su sueño era más grande que su miedo.

> Un tigre no pierde el sueño por la opinión de las ovejas.
>
> **Refrán oriental**

Al imaginar la empresa de embarcarse por mares desconocidos, Cristóbal Colón se enfrentó con un conflicto: tuvo que decidir entre arriesgarse a morir en el océano o ser un comerciante medianamente próspero en Italia. Tuvo que sopesar lo que podía lograr lanzándose al mar y aquello que lograba en Italia. En su caso, la ambición pesó más que la idea de quedarse en una posición de comodidad.

Para vencer el miedo a iniciar algo nuevo (y cualquier otro miedo) tiene que haber una incomodidad que nos mueva. Para el hombre de las cavernas esa incomodidad fue el hambre; para su mujer, el deseo de dejar a sus hijos una herencia de valentía. Y para ti, ¿cuál es?

6

EL NEGATIVO

Si tu mal tiene remedio, ¿por qué te
quejas? Si no lo tiene, ¿por qué te quejas?

PROVERBIO ORIENTAL

1. NEGATIVO *VERSUS* POSITIVO

«¡Yo sabía que me iba a ir mal!»
«Es que a mí nunca me sale nada bien...»
«Esto va de mal en peor...»
«Yo nací sin suerte.»
«Ya es tarde.»
«Sufro mucho.»
«La vida es dura para mí.»

Seguramente conoces a alguien a quien le parece que todo
le sale mal, que se ha equivocado en una relación afectiva, en
la dirección de las finanzas, en su vida familiar. Te pregunta-

rás por qué. La negatividad es una forma tóxica de ver la vida que atrae «eso que la persona tanto teme». Y esta actitud afecta tanto al que la tiene (al que tildan de «mal rollo») como a aquellos que están a su alrededor y querrán alejarse de él.

Lo primero que necesitamos saber es que ser negativo afecta la salud y la calidad de vida en general. Distintas investigaciones muestran que la gente positiva vive ocho años más que la gente negativa. Está comprobado que los vendedores negativos venden menos, los empleados negativos son despedidos, los amigos negativos alejan a la gente...

¿Cómo son los negativos?

- **Víctimas de todo.** Sienten que su condición presente es mala, dificultosa, que no puede haber progreso porque su «hoy» es difícil.
- **Temerosos del cambio.** La innovación los asusta. Ponen freno a cualquier propuesta. Siempre responden: «No»; «No soy capaz»; «No va a salir bien».
- **No pueden hacer nada para cambiar.** Ellos son así, las cosas son así y punto.
- **Todo lo ven desde la perspectiva del caos y del desastre.**
- **Piensan constantemente en una idea fija.** Están obsesionados.
- **No tienen motivación.** No quieren comprometerse y evitan toda exigencia laboral.

Si pongo una hoja delante de mis ojos, solo veré la hoja, y nada más, ni mis pies, ni lo que hay arriba o a los costados. Si la alejo puedo «descubrir» a mi alrededor elementos y objetos que antes no veía. Cuando fijo mi pensamiento en una sola cosa, todo lo demás desaparece. No puedo ver las «herramientas» que hay a mi alrededor. Y sabemos que, cuantos más recursos y herramientas tengo para usar, mayor libertad gano en la vida.

Eso significa que debo tomar distancia para «ver desde otro lugar». Imagínate que estás en un laberinto. No ves la salida, pero en el medio hay una torre de tres pisos. Subes y desde arriba ves la salida. Cuando bajas, sabes por dónde debes salir.

> **El pesimismo nunca ha ganado ninguna batalla.**
>
> Dwight D. Eisenhower

Con solo «mirar desde arriba», pudiste ver bien las posibilidades. Si subes a un helicóptero, ¡verás aún más!

¿Cómo actúa una persona con actitud negativa?

- **No tiene predisposición ni visión de mejora continua.** Como tiene una visión pesimista de la vida, no cree que las cosas puedan mejorar en algún momento. No tiene fe en Dios, ni en sí misma ni en los demás.

- **Se centra solamente en lo negativo.** Por el contrario, la gente con actitud positiva no niega lo negativo pero destaca lo positivo. En privado, observa lo negativo y lo corrige. Cuando habla en público, lo hace en positivo.

  Por ejemplo, cuando el negativo se postula para un trabajo cuenta que su jefe anterior era un maltratador. De esa manera, le está diciendo a la persona que puede contratarlo: «Mañana voy a hablar mal de usted.»

- **Exagera lo negativo.** La gente positiva no exagera lo negativo ni lo positivo, es equilibrada. Es necesario ver tanto lo negativo como lo positivo, porque todo en la vida tiene un lado negativo y uno positivo.

  Si, por ejemplo, tienes en tu casa una mascota, te dejará sus pelos en la cama, pero también cuando llegues te esperará en la puerta para saludarte. Como todo, ese animalito de compañía tiene su lado positivo y su lado negativo.

- **No sabe quejarse.** Por eso acumula cosas negativas hasta que un día explota y las suelta todas juntas. Esa actitud puede hacer que lo despidan del trabajo (sin decirle por qué) o que lo dejen de lado en un grupo.

Cuando algo negativo no se resuelve rápidamente, se acumula rabia que tarde o temprano se expresará mal: a través de la queja. Esto hará que la persona pierda puntos. Nadie quiere una persona quejosa, ¡pero todos nos quejamos!

> Este es un mundo de acción, no de quejas y lamentos.
>
> Charles Dickens

2. ¿QUÉ HACER FRENTE A LA NEGATIVIDAD?

Supongamos que caímos en un pozo y solo tenemos una pala para intentar salir. Si comenzamos a cavar, ¿qué sucede? ¡El pozo se hace más profundo! Solo si dejamos de usar la pala podremos pensar cómo salir del pozo.

Cuando tenemos un problema muchas veces hacemos lo mismo: decidimos hacer cambios que en realidad no cambian nada. Probamos repetidamente las mismas estrategias y, obviamente, obtenemos siempre el mismo resultado. Solo el pensamiento lateral nos permite encontrar una nueva «herramienta» para salir del pozo. En psicología lo llamamos «Cam-

> Mi consejo es siempre el mismo: comience a pensar positivamente o terminará boicoteándose a usted mismo.
>
> Donald Trump

bio 2», el cambio que verdaderamente modifica las circunstancias.

No puede emplearse cualquier herramienta para cambiar una circunstancia. Un martillo sirve para clavar, pero si quiero usarlo para talar un árbol, probablemente tardaría toda la vida. Entonces, no es una cuestión de capacidad, sino de saber elegir cuál es la herramienta correcta.

La mejor manera de enfrentarse a la negatividad, al pesimismo (propio o ajeno), es oponiéndole una actitud positiva. Veamos en qué consiste esta forma sana de ver la vida.

La actitud positiva es ver una solución en la adversidad y decirla en público

Habla siempre de la solución. Si la canoa se está hundiendo, no digas «¡Se hunde!» sino «¡A nadar!». Si está lloviendo, no digas «¡Llueve!» sino «¡A buscar el paraguas!». Los argentinos somos melancólicos, siempre vemos que el barco se está hundiendo. Podríamos marcar la diferencia si ante el problema habláramos de la solución: «La lámpara se ha roto. Tengo una de repuesto y la voy a cambiar»; «Noté este defecto y se me ocurrió esta idea para resolverlo». Entonces alejarás toda negatividad tóxica, agregarás años a tu vida, rendirás más en el trabajo y te querrán más.

En una escena de la película *Gladiator* un ejército de 800 personas tiene que atacar a otro ejército de 80.000 soldados. ¿Qué hace entonces el gladiador líder? Le dice a su grupo: «Va a ser dura la cosa... ellos tienen espadas de doble filo que cortan en pedazos... pero ¡vamos a hacerles frente!»

Un buen líder con una actitud positiva ve lo negativo pero habla de lo positivo, y al hablar de lo positivo da con la solución. Los grandes líderes de la historia hablaban de la solución, no del problema.

No mires el tamaño de tu monte.
Háblale a tu monte de la solución;
no te centres en la gravedad de una enfermedad.
Concéntrate en la salud.
No te desanimes ante la deuda.
Piensa en las diversas maneras de saldarla.
¡Habla siempre de la bendición!

La actitud positiva es reconocer los puntos fuertes y mostrarlos al mundo

Una persona de actitud positiva, una persona de fe, no solo habla de lo positivo, sino que además demuestra sus puntos fuertes. «¡Si pudiera cantar como ese cantante!»; «¡Si tuviera la figura de ese actor!». Dios te creó con tus propios dones. En lugar de querer ser como otro, manifiéstalos. Pon de manifiesto las capacidades que tienes en tu interior, suéltalas en lugar de cuestionar las capacidades de los demás. *La gente con actitud positiva no evalúa las capacidades del otro, sino que muestra las propias.*

Todo lo que bendice a los demás es tu semilla y todo lo que te bendice a ti es tu cosecha. Cuantas más semillas siembres, es decir, cuanto más manifiestes tus capacidades, más cosecha tendrás. Las capacidades personales no nos fueron dadas para fanfarronear, sino para bendecir a los demás. Cuanto más bendigas a los demás, más bendecido serás por ellos. Habla en positivo, habla de la solución y muéstrale al mundo tus capacidades.

El reconocido conferencista motivacional Nick Vujicic, un hombre que nació sin brazos ni piernas, nos dice: «Si encuentras algo positivo en tu vida, algo que nadie puede discutir, aférrate a ello y tómalo como punto de partida.»

La actitud positiva es ver lo que otros no ven, antes de que otros lo vean

Tenemos que soltar nuestra fuerza, porque las grandes oportunidades están detrás de una puerta que dice «Empuje». Para que nacieras tu madre tuvo que pujar. De esa manera vienen las grandes bendiciones. Si nacemos empujados por alguien, las bendiciones vendrán a nuestra vida cuando empujemos y soltemos nuestras capacidades. La arcilla se transforma en una taza; la harina de trigo se transforma en pan; la madera se transforma en papel; la pintura y el lienzo se transforman en un cuadro. Y nosotros nos convertimos en la manifestación de Dios, en todo lo bueno que nuestro Creador es.

En la inauguración de Disney World estaban presentes el gobernador del estado de Florida y la viuda de Walt Disney. Cuenta la historia que el gobernador miró el parque y exclamó: «¡Qué pena que Walt Disney no pueda ver todo esto hoy!» La mujer le quitó el micrófono para decir: «Señor gobernador, él siempre lo vio.» Las personas con actitud positiva ven lo que otros no ven, antes de que otros lo vean. Ellos se ven victoriosos, se ven sanos, se ven exitosos, se ven realizando cosas grandes y extraordinarias años antes de que lo vean los ojos físicos, y esa visión los motiva.

> Los campeones no se hacen en gimnasios, están hechos de algo inmaterial que tienen muy dentro de ellos. Es un deseo, un sueño, una visión.
>
> **Muhammad Ali**

La actitud positiva es darle trascendencia a lo que hago

Cuando se le pregunta a la gente de Disney si ellos divierten a la gente, responden que ellos hacen feliz a la gente. Si se le pregunta a Ericsson, la compañía sueca de telefonía, si ellos hacen teléfonos, responden que ellos conectan al mundo. La gente con buena actitud va detrás de cosas grandes y le da mucha importancia a lo que hace. Son personas de propósito, de motivación constante, de destino grande, de éxito en todo lo que llevan a cabo.

Se dice que existen tres tipos de sueldos. En primer lugar, el *sueldo económico*. Cuando consigues un aumento, sientes alegría durante un tiempo... hasta que de nuevo el dinero no te llega. El segundo es el *sueldo de la motivación*. El reconocimiento te motiva, pero esa motivación dura poco tiempo. Y el tercero es el *sueldo espiritual*. El número uno de General Motors viajó por el mundo para conocer las distintas religiones y dijo: «Aquí hay algo que puedo llevar a las empresas.» Descubrió que los religiosos dan la vida por su Dios, porque tienen un concepto trascendente de la vida. Ese líder llevó el concepto a las empresas y les dijo a los empleados: «Nosotros no venimos a trabajar, venimos por algo trascendente.» ¿Sientes que lo que haces es trascendente?

3. LIBRES DE TODA NEGATIVIDAD

¿Eres una persona negativa? ¿Estás rodeado de gente negativa? ¡No desesperes! Hoy es el día para ser libre de toda esa toxicidad. Realiza estos dos cambios que actuarán a tu favor, y te harán dejar atrás la negatividad.

Planifica

Planificar es la capacidad de imaginar un escenario futuro. Es necesario que aprendas a planificar. Además de planificar tus reuniones privadas y grupales con tus liderados es fundamental que planifiques tu conducta. No te muevas por intuición, piensa qué te conviene decir, mostrar o hacer. No improvises ni dejes nada librado al instinto. De esta manera estarás construyendo tu escenario. El escenario es el ambiente que tú mismo construyes cuando planificas tu conducta.

Supongamos que tengo que hacer un viaje de 500 kilómetros para llegar a la playa. Sé que en algún momento del recorrido tendré hambre, pero no sé si en el camino hay algún restaurante. ¿Cuáles son mis opciones?

1. **Declarar que hay un restaurante en el camino.** Espero algo positivo y sigo avanzando. Si no encuentro ningún lugar donde comer me frustro y sigo con hambre.
   Podríamos decir que dar por sentado que había un restaurante fue un «optimismo tonto».
2. **Declarar que no hay ningún restaurante en el camino.**
   Y, efectivamente, confirmo que no hay ningún restaurante en mi ruta.
   Podríamos decir que se trató de un «negativismo tonto». La realidad me dio la razón pero me quedé sin comer.
3. **Declarar que *no hay* ningún restaurante en el camino.** Pero en mi recorrido ¡encuentro un restaurante! Sin embargo, la negatividad no me permitirá disfrutar de la comida.

Podríamos decir que se trató de una «negatividad frustrada».

4. **Declarar que *hay* un restaurante.** Esperar positivamente que lo haya, pero contemplar la posibilidad de que no lo haya. Y, por si acaso, llevar un paquete de galletas. Si efectivamente encuentro un restaurante, disfruto de la comida. Si no lo hay, no me molesta, porque llevo mi paquete de galletas. Planifiqué mi escenario positivo y negativo.

En este caso, hablamos de *optimismo inteligente*. Imagino el peor escenario, pero encuentro respuestas. El problema se plantea cuando no veo soluciones posibles.

Planificar implica pensar en el mejor y en el peor escenario, y en soluciones posibles para cada caso.

4. VIVE «EN POSITIVO»

Cada día tienes que proponerte tener una visión positiva de la vida, convertirte en una persona que contagie entusiasmo y ganas de vivir.

No te sumes a las quejas, lamentos, críticas y malas noticias (que hoy tanto abundan). Naciste con un propósito único que tienes que descubrir, si aún no lo has hecho. Necesitas centrarte y pensar en todo lo que es verdadero, hermoso y digno de admiración y reconocimiento. Ocupa tu mente en cosas buenas y suelta todo el negativismo. No importa lo que los demás elijan pensar y sentir, tú tienes la libertad de escoger tus propios pensamientos y una actitud que te llene de energía y vitalidad. El negativismo te roba salud y años. ¡Elige ser positivo!

La terapia de Aceptación y Compromiso (ACT) nos enseña la interesante metáfora del tablero de ajedrez.*

Imaginemos un tablero de ajedrez. Hay piezas blancas y negras. Supongamos que las blancas simbolizan los pensamientos positivos y las negras los pensamientos negativos. ¿Quién soy yo? Ni las blancas ni las negras, ¡soy el tablero!

El tablero es mi «espíritu» (mi yo observador) que CONTIENE pensamientos positivos y negativos. Unas veces ganan las blancas. Otras, las negras. ¡Pero yo soy más que lo que pienso!

Todos tenemos pensamientos, pero somos más que esos pensamientos. Tenemos la capacidad de «observar» lo que pensamos. Por ejemplo, puedo mirarme a mí mismo y decir: «En este momento tengo este pensamiento.» ¿Quién lo dice? Mi espíritu, mi yo profundo, mi yo observador.

Imaginemos una casa con muebles nuevos y viejos. Los muebles (los pensamientos) no son la casa. La casa (mi espíritu) contiene muebles de todo tipo, pero es más que los muebles.

Cuando sufro maltrato, abuso, robo, crisis graves, mi mente, mis emociones y pensamientos quedan heridos (¡y de qué manera!). Pero soy más que esas emociones y pensamientos. Soy un espíritu. Y ese espíritu nadie lo puede tocar, nadie tiene acceso a él. Fue creado por Dios (que es Espíritu) para que nos comuniquemos con Él. Ese espíritu NUNCA fue ni podrá ser herido por otras personas. Y es desde esa parte «sana y fuerte» que utilizamos nuestras capacidades para levantarnos y seguir adelante.

* K. Wilson y M. Luciano Soriano, *Terapia de aceptación y compromiso*, Pirámide, Madrid, 2013.

7

EL ANSIOSO

> La ansiedad es un arroyito de temor
> que corre por la mente. Si se le alimen-
> ta, puede convertirse en un torrente
> que arrastrará todos nuestros pensa-
> mientos.
>
> A. ROCHE

1. LAS CREENCIAS DEL ANSIOSO TÓXICO

¿Qué pasa por la cabeza de un ansioso tóxico? Estos son los principales pensamientos que alimenta a diario:

- Que el mundo es peligroso.
- Que algo malo va a pasar.
- Que no tiene recursos para resolver problemas.
- Que está atascado y no ve la salida.
- Que algo puede no salir bien.
- Que no es capaz de cambiar ni romper modelos de conducta.

Las personas que sufren de ansiedad suelen tener pensamientos catastróficos y exageran los peligros del futuro. ¿Por qué? Porque temen afrontarlo. Lo cierto es que todo lo que evitamos cobra dimensiones exageradas, mientras que todo aquello que afrontamos (para resolverlo) se mantiene en la perspectiva correcta.

Dice un viejo chiste:

Unos investigadores realizan un test a dos hombres. El primer hombre alcanza la puntuación máxima. El segundo obtiene la mínima posible. Una vez que han determinado la inteligencia de cada uno, les plantean la siguiente situación: ¿qué harían si ambos estuvieran caminando por el bosque y apareciera un oso hambriento? El hombre inteligente hace cálculos y concluye que en 17 segundos el oso atacará. El hombre que había obtenido cero puntos en la medición de inteligencia decide que se quitará las botas y se pondrá zapatillas. Sonriendo, el hombre inteligente le dice:

—Querido mío, ¡no podremos correr más rápido que el oso!

A lo que el otro responde:

—Es cierto, pero lo único que yo tengo que hacer es correr más rápido que tú.

¡El segundo hombre halló una solución!

Encontrar una solución no solo resuelve la ansiedad y disuelve las creencias equivocadas, sino que además nos ahorra esos ataques repentinos de preocupación.

La ansiedad y la preocupación van de la mano... y qué hay mejor que poder quitarnos esa toxicidad de la cual los primeros perjudicados somos nosotros mismos, ¿no te parece?

No te dejes arrastrar por el miedo y la ansiedad a lo nuevo, anímate a salir de la zona de confort que te brinda lo conocido y, en lugar de decir que «deberías» hacer tal o cual cosa, decídete a hacerla.

> Busca dentro de ti la solución a todos los problemas, hasta aquellos que creas más exteriores y materiales.
>
> **Amado Nervo**

2. ¿ESTÁ SONANDO LA ALARMA?

¿Qué es la ansiedad? La ansiedad es una emoción, una reacción automática que nos prepara para enfrentarnos a una amenaza. Funciona como una alarma, una alerta del organismo frente a determinadas situaciones. En este sentido, la ansiedad (igual que el miedo) cumple una función adaptativa que nos capacita para que podamos resolver cosas. La necesitamos para vivir, así como necesitamos la presión sanguínea. Siempre es necesario sentir un poco de ansiedad.

Existe una *ansiedad normal* que la mayoría de la gente tiene. Es leve, manejable y no afecta la vida cotidiana de una persona. Por ejemplo, si estás en el aeropuerto tomando un café y de pronto te das cuenta de que se te pasó la hora y tu avión está a punto de despegar, te levantas de un salto y empiezas a correr hacia la cola para embarcar. Esta reacción es normal; la ansiedad te empujó a la acción, es decir, a ir desde la cafetería a la puerta de embarque. Esa es una ansiedad normal y útil. Cada vez que estamos frente a algo nuevo se nos dispara la ansiedad. Por ejemplo, cuando nos hospedamos en un hotel, las primeras noches no podemos dormir bien porque estamos en un ambiente nuevo. Lo mismo ocurre el primer día de trabajo en un nuevo empleo o cuando conocemos a alguien. Todo lo novedoso o desconocido genera ansiedad, y eso es perfectamente normal.

Ahora supongamos que falta una hora para embarcar y estás tomando un café. Te sientes nervioso, desconcentrado, preocupado. Esa ansiedad no es buena ni útil. Podemos compararla con la alarma de un coche: si suena cuando alguien intenta robarlo, cumple su función y resulta de utilidad; pero si se dispara en cualquier momento, claramente funciona mal. El problema no es la alarma, sino cuándo se dispara. Y si lo hace cuando no es útil, estamos hablando de una ansiedad tóxica no solo para ti sino también para aquellos que te rodean, porque comienzan a alarmarse sin un motivo real. Por eso, ¡calibremos nuestras alarmas y alejémonos de los ansiosos crónicos y tóxicos!

Analicemos esta situación:

Un cavernícola está dentro de su cueva. De pronto oye un ruido procedente del exterior. El hombre siente miedo, no se atreve a salir a ver qué está pasando, sin embargo, se mantiene despierto. No piensa en comida, en sexo, ¡en nada! Su actitud se reduce a una palabra: alerta. El cavernícola está ansioso; se pregunta: «¿Será un león? ¿Qué pasaría si salgo de mi cueva?» Existen tres posibilidades:

    a) que sea un león,
    b) que el ruido sea producto del viento, o
    c) que el ruido lo hiciera un conejo que pasó demasiado cerca.

Las alternativas de este cavernícola son:

- No salir. Se queda en la cueva y evita enfrentarse al ruido por sentirse inseguro, con temor a equivocarse o a no estar a la altura del peligro al que debe enfrentarse. Permanece hipervigilante ante la situación de peligro.

- Salir y confirmar que el ruido lo ocasionó el viento o el paso de un conejo. Siente alivio y piensa: «¡Ya está! ¡Creía que era un león, pero veo que no!» Inmediatamente resuelve la ansiedad.
- Salir y ver un león. ¿Qué hace? Vuelve a entrar para planificar cómo matarlo. Gracias a que salió de la cueva, ahora puede preparar un plan de acción. Esta es la manera de resolver la ansiedad: ver para actuar.

¿Cómo resuelve el cavernícola este dilema? ¡Saliendo a ver qué sucede en realidad! Enfrentándose al temor.

Si de repente ves que viene una persona sospechosa caminando por la calle, te desvías de tu camino, la evitas. Pero si eres cinturón negro de karate, no te molestas en desviarte porque tienes recursos para enfrentarte a ella (en caso de que sea necesario). Del mismo modo, una deuda de 10.000 dólares te genera ansiedad solo si no tienes recursos para pagarla. Si en tu cuenta bancaria dispones de un millón de dólares, esa deuda no te afecta porque tienes los medios para afrontarla.

Evitar un posible problema alimenta la ansiedad; afrontarlo la resuelve y nos ahorra sentirnos ansiosos.

Siguiendo con la metáfora del cavernícola, este hombre se atrevió, salió a ver cuál era el peligro y vio que se trataba de un león. Después, volvió a entrar en la cueva para pensar qué podía hacer.

El cavernícola piensa en usar un arma: «Le pego así...», «Lo ataco por este costado...». Va ideando posibles soluciones, y aunque algunas puedan fallar, él intenta algo. De pronto, descubre un arma que sí funciona: de un flechazo mata al león.

Ha calmado su ansiedad y ha tenido la satisfacción de «inventar» un arma para la próxima vez que deba enfrentarse a un león.

Necesitamos ordenar nuestra forma de enfrentarnos a un problema, porque la ansiedad crece cuando no hacemos nada, cuando no actuamos. Si no afrontamos una situación que debe ser resuelta, estamos aceptando que se trata de algo amenazante. Es imprescindible que pensemos qué podemos hacer.

> Libérate de la ansiedad, piensa que lo que debe ser, será, y sucederá naturalmente.
>
> **Facundo Cabral**

La ansiedad puede ser «horrible», pero nunca «terrible».
La ansiedad es molesta, pero es soportable.

Veamos otro ejemplo:

Un vendedor tiene miedo de que sus clientes dejen de comprarle debido a la inflación que hay en el país. «Voy a tener menos clientes... ¿qué puedo hacer?», piensa. Entonces ordena su forma de afrontarlo y crea una lista de posibles estrategias: salir a preguntar a los clientes si están conformes, mejorar su producto, ofrecer promociones, hablar con otros comerciantes del sector, etc. Además, se pregunta: «¿Qué puedo hacer para atraer nuevos clientes?» Este vendedor está resolviendo su ansiedad.

Tal vez te preguntes: «¿Qué pasa si ya agoté todos los recursos?» Tienes que saber que eso es falso. Nadie agota todos los recursos, ¡porque los recursos son infinitos como infinito es el universo!

3. SOCORRO... ¡SOY ANSIOSO!

Te invito a analizar algunos conceptos sobre la ansiedad que nos pueden ayudar a detectarla en nosotros mismos y en los demás:

- **La ansiedad ante una nueva situación.** Es perfectamente normal que cuando estamos frente a algo nuevo se dispare la ansiedad, siempre y cuando podamos controlarla y tener el control de nuestro cuerpo y nuestras emociones.
- **La ansiedad ante un acontecimiento inminente.** Si es domingo y tienes que hacer un examen el viernes, necesitarás distribuir la energía a lo largo de toda la semana para no caer en una ansiedad tóxica. Es lo que hacen los deportistas antes del siguiente partido: entrenan, se concentran y gastan su energía durante los días anteriores. Si no hacen nada hasta el momento del partido, la ansiedad los desbordará.
- **La ansiedad ante una situación negativa.** Contrariamente a lo que muchas veces pensamos, en casos como la enfermedad o la operación de un ser querido, hay cosas que podemos hacer para controlar la ansiedad y evitar que nos enferme a nosotros. Podemos salir a pasear, leer un libro o una revista, conversar. ¡Siempre hay algo que podemos hacer! Tenemos que gastar la ansiedad en otras actividades para poder afrontar esa situación que nos genera tensión. Como ya citamos, la ansiedad puede resultar «horrible», pero nunca «terrible». La ansiedad es molesta, pero es soportable.
- **La ansiedad ante las contradicciones.** A menudo sucede que nos gusta comer dulces y a la vez queremos

adelgazar; o elegimos fumar y a la vez deseamos estar saludables. La única manera de salir de esa encrucijada es elegir una de las opciones y descartar la otra. Renunciar a una de las dos alternativas contradictorias es importante, porque, de no hacerlo, no disfrutaremos de ninguna y nos llenaremos de más y más ansiedad. Tengamos presente que cuando le decimos «sí» a algo, también le estamos diciendo «no» a otra cosa.

- **La ansiedad ante la incertidumbre.** Al respecto, Steven Hayes nos sugiere: Imaginemos que tenemos un cachorro de león. Cuando ruge le damos carne y así lo calmamos; pero al rato, vuelve a rugir. Volvemos a darle carne y calmamos su apetito. Día tras día seguimos esta rutina hasta que pasa el tiempo y el leoncito crece y se convierte en león. ¡Ahora es imposible dominarlo! Solo dejando de darle carne podemos evitar que el leoncito crezca y se transforme en un león imposible de dominar. De la misma manera, no podemos contestarnos todas las preguntas hipotéticas de ansiedad que nuestra mente genera. Debemos poner freno a esas conjeturas. ¡No hay respuestas inteligentes a preguntas sin respuestas!*

- **La ansiedad y la adrenalina.** A ciertas personas les atrae la adrenalina por las asociaciones que se generan. Supongamos que un joven tiene ansiedad porque quiere invitar a una chica a salir. Si le habla y ella le dice que sí, la adrenalina queda asociada con un resultado positivo; si le dice que no, quedará asociada con lo negativo. Si esto se repite en el tiempo con otras experiencias, la asociación «adrenalina = placer» o

---

* J. Stoddard y N. Afari, *The Big Book of Act Metaphors*, New Harbinger Publications, Oakland, 2014.

«adrenalina = malestar» quedará fijada. Esto explica por qué hay gente a la que le apasiona la adrenalina y otros que la rehúyen.

4. ANSIEDAD Y DEPENDENCIA

Si hay dependencia hay ansiedad. ¿De qué maneras se explicita?

a. **«La ausencia me genera ansiedad»**
Hay personas a las que la ausencia les produce ansiedad. No pueden quedarse solas y entonces encienden el televisor, la radio o llaman a alguien para que vaya a hacerles compañía. Sus casas parecen hoteles, porque siempre están llenas de gente. La petición silenciosa de estas personas es: «¡No me dejes!»; «¡No te vayas!», y siempre reclaman: «No me llamaste»; «No viniste»; «No me saludaste». Evitan situaciones en las que tengan que estar solos, siempre necesitan estar en grupo, que alguien los acompañe, porque «solos no pueden». Son hombres y mujeres que no pueden estar sin una pareja, porque necesitan tener a alguien.

b. **«La presencia me genera ansiedad»**
Mientras que a unas personas la ausencia les genera ansiedad, a otras les ocurre todo lo contrario. Hay gente que siente ansiedad cuando está con otras personas. Por ejemplo, existen quienes desbordan de ansiedad cuando el jefe entra en la oficina. Se sienten observados, exigidos por su mera presencia. Esto se debe a que dan a las demás personas un poder de punición que en realidad no tienen y, por otro lado,

se ven a sí mismos en un estado de vulnerabilidad que tampoco es real. Ponen al otro en una posición de castigador y a sí mismos en un rol infantil. No pueden actuar de igual a igual con las demás personas y, en caso de no coincidir, explicar su punto de vista. Muchas veces, cuando preguntan: «¿Cómo estás? ¿Estás bien?», no sienten una genuina preocupación afectiva por el otro sino por ellas mismas. Indagan para saber si el otro está enojado o si le pasa algo por temor a que las castiguen. Se ponen ansiosas como si estuvieran en falta, y esto se debe a que ponen al otro en un lugar de controlador. La presencia del otro les genera ansiedad, las asusta, y solo encuentran alivio cuando están solas.

c. **Si hay apego hay ansiedad**

Muchas personas que se sienten poderosas por medio de los objetos están apegadas a ellos. Los oímos decir: «El coche es mío y nadie lo toca»; «Esta es mi silla y nadie más la usa». Algo similar ocurre con el dinero, por ejemplo, cuando el marido le da dinero a su mujer pero no le dice cuánto gana. De esta manera logra su autonomía aparente a partir de la dependencia de este objeto. *Pero necesitamos saber que la autonomía da libertad, por eso no debemos construir lazos afectivos con los objetos.*

Otro ejemplo es el apego a un amuleto. El individuo atribuye poderes mágicos a los amuletos y así logra calmar su ansiedad. De este modo, un estudiante que pasó días preparándose para un examen, en lugar de confiar en sí mismo y en lo mucho que estudió, se lleva su «moneda de la suerte» para no ponerse nervioso y confía en que así aprobará.

¿Estoy apegado a los objetos?

Es normal que si nos rayan el coche, por ejemplo, nos moleste, pero no sufrimos. Del mismo modo, es normal que si perdemos dinero nos dé rabia, pero no es normal sufrir por eso. Hay personas que literalmente sufren cada vez que ven una raya en la pintura de su coche. Si puedes dar un objeto, lo tienes. Si no puedes desprenderte de él, el objeto te tiene a ti.

5. ME PREOCUPO, LUEGO EXISTO

¿Qué es la preocupación?

La preocupación es una idea, una situación que no podemos resolver. Esta dispara una ansiedad normal que a su vez nos impulsa a buscar una solución. Cuando intentamos resolver esa preocupación, ese problema, y no lo logramos, la ansiedad normal se transforma en ansiedad patológica o angustia.

Estos son algunos de los *síntomas* que aparecen cuando no podemos resolver una preocupación:

- ansiedad generalizada
- angustia
- aislamiento
- intranquilidad
- irritabilidad
- negatividad
- desesperación
- actitud hipercrítica
- disminución del deseo
- dificultad para concentrarse
- problemas para conciliar el sueño

- tensión muscular
- cansancio
- mareos
- aumento de la frecuencia cardíaca
- dificultad para respirar
- problemas digestivos e intestinales

Todas estas son señales de que nos hemos quedado estancados porque tenemos problemas que no hemos podido resolver.

Imagina que al salir de tu casa ves que un borracho viene caminando hacia ti. En ese momento se te dispara la ansiedad. De inmediato tienes una preocupación: «¿Y si el borracho me roba?» «¿Qué hago? ¿Huyo en dirección contraria? ¿Cruzo la calle? ¿Grito pidiendo ayuda? ¿Lo invito a vino y me hago amigo suyo?» Rápidamente te decides por una opción y actúas, resolviendo la situación y disipando la ansiedad. Pero si no sabes qué hacer y te quedas petrificado, la ansiedad es extrema, la angustia hará que tu corazón se acelere y te duela el pecho. Eso es precisamente la ansiedad patológica que provoca la angustia (la angustia es más somática, la ansiedad es más mental).

> La catástrofe que tanto te preocupa, a menudo resulta ser menos horrible en la realidad de lo que fue en tu imaginación.
>
> Wayne W. Dyer

¿Por qué nos preocupamos?

Nos preocupamos porque la cultura nos enseña a preocuparnos. La preocupación es un proceso de imitación. Si en casa los padres son temerosos, seguramente los hijos aprenderán a preocuparse. Hay padres que les dicen a sus hijos: «Solo nosotros te vamos a cuidar», y después se preguntan por qué lloran cuando van a la casa de un amigo, por qué hablan poco con la gente o por qué tienen tantos miedos. ¡Están preocupados porque aprendieron que solo sus padres los pueden cuidar!

Básicamente, hay tres asociaciones erradas con respecto a la preocupación:

PREOCUPACIÓN = RESPONSABILIDAD

Alguien dice: «Vivo preocupado por mi trabajo», y al instante todos responden: «¡Qué responsable es!» La persona se enferma, se estresa, ¡pero es responsable!

PREOCUPACIÓN = AMOR

Se cree que la persona que se preocupa demasiado lo hace porque realmente ama. Que una madre o un padre no duerma en toda la noche pensando en su hijo es visto como una señal de amor. La gente asocia el hecho de preocuparse y pensar todo el día en alguien con amor.

PREOCUPACIÓN = PREVENCIÓN

Hay gente que vive preocupada porque cree que así será capaz de prevenir algo más grave. Así son los hipocondríacos, los que van al médico y se hacen chequeos todos los meses «por si apareciera alguna enfermedad, así la puedo tratar a tiempo». Algunas personas tienen pensamientos de *anticipación*, es decir, pensamientos hacia el futuro. Estos pensamientos comienzan con frases como: «¿Qué pasaría si...?» Cuando esas preguntas comienzan a encadenarse cada vez más, aparecen síntomas físicos. Estos pensamientos provocan una paralización de la acción de la persona. Funcionan como una mecedora que se mueve de un lado a otro sin llevar nunca a ningún lado.

> *¿Qué podemos hacer para no ser esclavos*
> *de la preocupación?*

Veamos algunas ideas:

Priorizar las preocupaciones

Para priorizar las preocupaciones podemos crear listas. Las listas de preocupaciones son una herramienta útil a la hora de afrontar los problemas y comenzar a resolverlos. La idea de estas listas es enumerar las preocupaciones y darles una puntuación según su importancia, es decir, ponerlas en orden de prioridad. Así, las ordenamos de mayor a menor y empezamos a resolver las más simples para generar un círculo virtuoso.

Por ejemplo: Una persona tiene una deuda importante, entonces le pone un 10 como puntuación. Hasta que su madre se enferma y tiene que hospitalizarla. Ahora la deuda pasa a tener una puntuación de 1. Ese orden se mantiene hasta que la madre mejora. En ese momento la deuda vuelve a tener un 10, es decir, se recategoriza.

¿Cómo otorgar la puntuación?

Para puntuar una situación debemos pensar qué importancia tiene, cuánto nos preocupa. Por otro lado, también debemos evaluar si esa circunstancia va a seguir siendo igual de importante dentro de cinco años, dentro de un año o dentro de seis meses. Podemos nombrar todas las preocupaciones que ocuparon nuestra mente la semana pasada y ver que todavía estamos vivos. De modo que no eran tan importantes, de hecho, ¡eran insignificantes! El otorgar a las situaciones puntuaciones en el futuro nos permite organizarnos mejor. Si sabemos que determinado problema no tiene solución hasta dentro de unos meses, podemos apuntarlo y guardarlo para el momento en que sí podamos resolverlo. De esta manera estaremos jerarquizando las situaciones por las que podemos hacer algo y restándole puntos a aquellas que pueden esperar para formar un buen plan de acción.

Pensar qué puedo hacer

Una vez que priorizamos tenemos que pensar cómo resolver los problemas que enumeramos. Al hacerlo, la toxicidad disminuirá en gran medida. Es necesario que invirtamos bien el tiempo. No en preocuparnos o sentirnos ansiosos, sino en analizar el problema y buscarle al menos cinco o seis soluciones. Si mi problema es que llueve, ¿puedo hacer algo? No, no puedo hacer nada, pero sí puedo pensar cómo voy a reaccionar a la lluvia: si voy a salir o me quedo en casa, si llevo paraguas, si salgo con el coche o tomo un taxi, etc. De esta manera vamos pensando posibles soluciones.

La mayoría de los que tenemos un automóvil contratamos un seguro. ¿Eso evita que podamos chocar? No, pero si chocamos, el seguro nos da cierta tranquilidad. Si bien no previene los accidentes, es una solución, ya que nos brinda alivio.

Cuando tenemos ansiedad, empezamos a pensar: «¿Qué pasaría si...?» Este pensamiento se repite una y otra vez y eso genera preguntas en cadena que a su vez nos provocan más angustia. Por eso, la clave es preguntarnos frente a cada problema: «¿Qué puedo hacer?» Elaborar una lista de cosas para hacer ¡y empezar a hacerlas! Cuando podemos «enfrentarnos» a los problemas podemos disolver la ansiedad. Podemos confeccionar una lista de temas que nos preocupan, luego poner una puntuación de 1 a 10 según sea su gravedad o su importancia y, a continuación, empezar a resolver las preocupaciones básicas. Así creamos un «círculo virtuoso» pero de motivación. Siempre anotando y pensando: «¿Qué puedo hacer?» Si lo que hemos intentado hasta ahora no ha funcionado, tenemos que hacer algo diferente. Hay que innovar y usar otras herramientas que aún no empleamos, pero que están en el interior de nuestro ser.

> **Si tu problema tiene solución, ¿por qué te afliges?**
>
> **Proverbio chino**

La creatividad involucra la ansiedad propia del acto creador, de lo nuevo. Evitamos la creatividad porque huimos de la ansiedad. La rutina nos da espacio, pero no lo utilizamos para crear porque no queremos afrontar la ansiedad.

Pregúntate: «Durante este tiempo que he pasado preocupado, ¿cuántas soluciones he encontrado y cuántas he llevado a cabo?» Nada ni nadie puede garantizar que no tengamos problemas, nadie puede protegerse de todo. Por eso, lo único que podemos hacer cuando se presentan es empezar a pensar en soluciones. A este efecto es muy útil anotar las ideas que se nos van ocurriendo, plasmarlas en papel y no pasar todo el día rumiando sobre ellas.

En uno de sus libros, Max Lucado cuenta la historia de un hombre que se preocupaba tanto que decidió contratar a alguien para que se preocupara en su lugar. Un hombre aceptó hacerlo por un sueldo de 200.000 dólares al año.

Después de aceptar el trabajo, la primera pregunta que le hizo a su jefe fue: «¿Cómo conseguirá los 200.000 dólares anuales para pagarme?» Y este le contestó: «¡Esa es ahora su preocupación!»

Comencemos por distinguir entre lo incómodo y lo terrible; entre un obstáculo y un verdadero impedimento.

Si eres ansioso, o convives con alguien que lo es y esa ansiedad te afecta de manera tóxica, debes saber que fuiste creado como un hombre, o una mujer, libre. La libertad física, emocional, mental y espiritual es tu derecho y habita en tu interior. Tú y solo tú puedes decidir qué pensar, cómo sentirte aquí y ahora, y diferenciar si lo que el otro te transmite es real o es imaginario y no vale la pena perder tiempo en ese asunto. Céntrate siempre en lo positivo, aprende a relajarte, vive el presente en cada momento, sabiendo que para cada problema hay más de una solución. ¡Sé libre de toda ansiedad!

8

EL SÁDICO

La persona sádica es tan dependiente de la sumisa como esta de
aquella: ninguna de la dos puede vivir
sin la otra.

ERICH FROMM

1. SU LEMA ES: «DOMINA O SERÁS DOMINADO»

Los sádicos son personas que disfrutan causando sufrimiento a otros. Están en la búsqueda permanente de un chivo expiatorio en quien poder descargar su violencia y su
agresividad. Muchas veces los sádicos adoptan esa actitud
como respuesta a la violencia que ellos mismos padecieron.
De esa manera buscan una compensación por haber sido
víctimas de alguna forma de crueldad.

Sus modos pueden ser abiertamente violentos, es decir,
utilizar los gritos, las amenazas o los golpes. O pueden ser

cínicos y ejercer la violencia verbal. Es lo que ocurre cuando con sus dichos hacen sentir culpables a otros. Por ejemplo, cuando una madre le recrimina a su hijo: «¿Te vas, me dejas sola? ¡Con todo lo que yo me sacrifiqué por ti y tus hermanos cuando erais niños!» Lo cierto es que de una u otra manera, siempre maltratan. La benevolencia, la consideración es para ellos una señal de debilidad.

¿Cómo podemos identificar a un sádico? Veamos cómo actúa.

Disfruta viendo sufrir a los demás. Aunque parezca increíble, el sádico siente placer al comprobar que causa sufrimiento. Por eso su actitud habitual es la agresión psicológica, por medio de la descalificación, la humillación o la ridiculización (es afecto a las bromas de mal gusto) o la violencia física (no es lo mismo robar que robar y agredir, como vemos a diario en la actualidad).

Busca poder a través de la agresión. El sádico agrede para que el otro lo reconozca como fuente de sufrimiento y sepa quién tiene el poder de hacerlo sufrir. Con su maltrato, frialdad y crueldad busca que los demás vean su omnipotencia. ¡Todos deben saber que él está al mando!

2. SÁDICOS AL MANDO

> La pasión de dominar es la más terrible de todas las enfermedades del espíritu humano.
>
> **Voltaire**

Este tipo de personalidad tóxica tiene una alta dosis de agresividad y una muy baja empatía con el grupo y las personas con quienes se relaciona.

El sádico, por su falta de empatía, no funciona bien como líder. Aunque puede ser jefe. Cuando dirige un grupo de trabajo, no lo hace a través del estímulo, no ejerce la autoridad que otorga demostrar capacidad para ocupar un puesto. Lisa y llanamente, manda. Suele hacerlo en conjunto con otros sádicos que actúan como espectadores y toleran la situación (y que a veces también son sádicos con él).

El jefe sádico es malo con todos por igual. Pero solo será cuestión de tiempo que el mismo grupo al que dirige, y del que abusa, le pase factura. ¿Cómo? Con falta de compromiso en la tarea y dándole la espalda a la primera oportunidad.

> Si tu jefe es un sádico, tienes un gran problema. En ese caso, despide a tu jefe y busca un trabajo nuevo.
>
> Donald Trump

3. EL CHIVO EXPIATORIO

Como dijimos, el sádico elige un chivo expiatorio que será el blanco de su agresividad. Es la cara opuesta del masoquista, que se coloca a sí mismo en ese lugar de víctima. La persona que el sádico elige como chivo expiatorio tiene estas características:

- **Poca respuesta o reacción.** Una persona sana tiene cierta dosis de agresividad (por ejemplo, la que muestran los hombres cuando juegan al fútbol) correctamente canalizada. El sádico no conduce su agresividad por el canal correcto, siempre la descarga hacia el que está abajo, el que tiene poca capacidad de respuesta o reacción.
- **Baja empatía con su grupo.** Si la persona elegida como chivo expiatorio tuviera mucha empatía, todo

el grupo reaccionaría contra el jefe en lugar de ser espectador de sus actos sádicos.

¿Cómo puede salir de este abuso el chivo expiatorio? Generando el aumento de la empatía con los demás.

4. LIBRES DEL SADISMO

Burlas, insultos, humillación, sarcasmos, ironías. Frente a ellos, sé manso. Tal vez te parezca un sinsentido. No lo es. La palabra manso quiere decir «fuerza controlada». Mansedumbre, humildad, es fuerza controlada. Cuando se doma un caballo, no pierde la fuerza, pero ahora está bajo control, es manso.

> Dios aprieta pero no ahorca, ni cae en el sadismo.
>
> Roberto Fontanarrosa

Frente a una persona sádica tenemos que elegir ser sabios, tenemos que controlarnos y considerar cómo vamos a responder. Cuando te insultan, te agreden, te descalifican, tienes que decidir qué vas a hacer con tus fuerzas. Tú, como todas las personas, tienes en tu interior las fuerzas necesarias. Pero solo una persona sana sabe cómo usarlas. ¿Quieres que el sádico vea que no tiene poder sobre tu vida? Cuando él se burle de ti, responde burlándote de ti mismo. No dejes que tu miedo te debilite, ríete de él. Tenemos que empezar a reírnos un poquito más. La risa tiene un gran poder, como demuestran las investigaciones. En una de ellas se colocaron en un corral de ovejas dos tipos de fotos: de gente seria y de gente sonriente. Las ovejas iban hacia las fotos de gente sonriendo.

El que se burla de ti, el que te humilla, solo está dejando

a la vista que precisamente en el área que provoca su burla, en la que te quiere mostrar poder, no lo tiene.

No apliques tus fuerzas a combatirlo, utilízalas para entrenarte. Dedica tu fuerza a entrenar, porque como me dijo mi amigo el doctor Lucas Márquez entrenar es la diferencia.

Haz crecer tu diferencia, lo que te hace único, porque tu diferencia determina tu recompensa. ¿Por qué la gente no tiene recompensa? Porque copia a los demás: todos se visten igual, piensan igual, hablan igual, se masifican. Pero cuando sepas que eres distinto y empieces a trabajar sobre eso, en vez de usar la fuerza para pelearte con los tóxicos, la usarás para hacer crecer la diferencia. Y como dice mi amigo: «Te respetarán aunque no te amen, porque necesitan tu diferencia.»

9

EL OMNIPOTENTE

> No soy la única, pero aun así soy alguien. No puedo hacer todo, pero aun así puedo hacer algo; y solo porque no lo puedo hacer todo, no renunciaré a hacer lo que sí puedo.
>
> HELEN KELLER

1. ¡YO PUEDO TODO!

El omnipotente todo lo puede, todo lo quiere, no acepta un «no». Sin embargo, si bien está muy bien querer avanzar en la vida, querer todo muchas veces es una posición infantil. Y nos impide negociar, priorizar y escoger.

Una persona omnipotente piensa que es Dios, o quiere ser como Dios. Lo vemos claramente en la película *Como Dios,* protagonizada por Jim Carrey, en la cual el protagonista quiere ser Dios para resolver todos los problemas, los

> La omnipotencia ha hecho del león un animal del desierto.
>
> Valeriu Butulescu

propios en primer lugar y luego los ajenos, pensando que Dios no hace bien su tarea... pero finalmente prefiere ser un simple ser humano y no tener todos los poderes.

¿Por qué el omnipotente es una persona tóxica para sí misma y para los demás? La omnipotencia es, en realidad, uno de los mecanismos de defensa primarios y está basada en la idea: «Todo lo que quiero, lo puedo lograr.» De esta manera, el omnipotente se siente frustrado una y otra vez cuando se da cuenta de que no puede lograr siempre hacer «su voluntad» y vive sin reconocer ni tener en cuenta la «voluntad de los demás», a quienes solo considera herramientas para lograr sus objetivos. El omnipotente puede parecer una persona altamente motivada y con iniciativa, pero, en realidad, es egoísta y carece de la capacidad de relacionarse de manera sana con los demás, ya que solo puede mirar «su propio ombligo» y poco le importa el bienestar del otro.

2. RETRATO ROBOT DEL OMNIPOTENTE

¿Cómo saber si somos o estamos junto a un omnipotente? Veamos las características más notorias de esta personalidad:

- **No se conoce a sí mismo.** Ni respeta a los demás. En el fondo se siente impotente, por eso alimenta la ilusión de que es «todopoderoso», lo que intentará hacerle creer a la gente aunque se trate de algo completamente irreal. Reconocer nuestra humanidad, nuestra finitud, nuestros «no puedo» en algunas situaciones, nos conduce a descubrir nuestros puntos fuertes, nuestros «sí puedo», que reforzaremos y nos permitirán ser autónomos. Nadie lo puede todo, pero todos podemos algo. Somos seres sociales y nos necesitamos unos a otros para complementarnos, solidarizarnos, asistirnos allí donde sea necesario y bendecirnos.

- **«Vende» su grandeza.** El omnipotente, con su personalidad tóxica centrada en su propia persona, «vende» seguridad en sí mismo, decisión, ambición, fortaleza. Hasta que aparece alguien que sabe más que él y empieza el conflicto. O hasta que, con el paso del tiempo, la gente que lo rodea se da cuenta de que no es tan maravilloso ni único como él pretende hacerles creer. Constantemente se autopromociona diciendo: «Yo puedo...»; «Yo sé cómo hacerlo...»; «Yo tengo...». Pero, ¡atención!: las virtudes no se dicen, se actúan, se muestran en la conducta. La autopromoción provoca el efecto contrario al deseado. Si alguien dice: «Estas son mis virtudes», difícilmente le creerán. La imagen de omnipotencia que intenta transmitir solo dejará a la vista su lado narcisista.

- **Reta a los demás.** El omnipotente se queja permanentemente de todo y pone bajo amenaza al otro con frases como: «¡No sabes quién soy yo!» o «Ya verás lo que te voy a hacer». Lo cierto es que a nadie le gusta que lo reten, lo amenacen o lo condenen. Mike Murdock dijo: «No te quejes de aquello que toleras.» Mucha gente reprime su enfado y tiempo después explota: «¿Por qué me maltrataron?» No te quejes de aquello que toleras y si no lo toleras, ¡háblalo!

- **No sabe liderar.** En general es un mal líder, ya que por creer que él todo lo sabe y lo puede, no valora a sus colaboradores. Y por lo tanto no construye buenos equipos.

Para liderar no es necesario sentirse totalmente seguro, ya que el exceso de confianza no permite el cuestionamiento. La capacidad de autocrítica permite dudar para poder elegir la mejor opción, nos permite decirnos: «No me siento seguro como líder, ¿qué puedo hacer?»

- **Es «rey mago».** Es el que siempre invita, siempre paga, siempre da, siempre trae regalos. Su lado narcisista lo impulsa a buscar de esta manera el aplauso y la admiración de los demás.

3. LIBERÁNDONOS DE LA OMNIPOTENCIA

Los éxitos te dan felicidad, pero son los errores los que te permiten crecer. No te avergüences por cometer errores, sino por no corregirlos. Aunque para el omnipotente esto no es fácil, es posible reducir un poco la marcha y saber que podemos errar. Flexibilizarnos, saber negociar, nos hace también un poco más humanos. Lo más importante es que aprendas de tus errores y los puedas corregir para no seguir repitiendo la misma equivocación una y otra vez. Para no vivir en un grado de omnipotencia tal que termines solo el camino.

Cuando una mujer dice: «A mí me tocan todos los maltratadores», es porque no aprendió de sus parejas anteriores. ¡Siéntate a analizar tus errores, aprende de ellos y corrígelos!

- a. Cuando nos marcan un error podemos reaccionar de cuatro maneras posibles. La primera actitud puede ser de *negación*: «No es así.» Negar o mentir es una posición infantil que no nos permitirá crecer.

b. Una segunda reacción consiste en *enfadarnos y adoptar el papel de víctima*: «¿Por qué me lo dicen siempre a mí? ¡Se burla de mí!»

c. También podemos reaccionar con *indiferencia*, decir que vamos a corregir el error, pero luego no hacerlo.

> De todos es errar; solo del necio es perseverar en el error.
>
> **Cicerón**

d. Hay otra reacción posible, que demuestra una actitud madura: tomar la decisión de *corregir el error*. Cuando te marquen un error, ¡corrígelo!

4. APRENDIENDO A PRIORIZAR

Quien solo ve lo que sabe, lo que hace bien, o aquello para lo que es habilidoso, tiene una visión distorsionada de sí mismo, se cree un personaje omnipotente. No delega y trabaja en pos de una misión: salvar a todo el mundo. No tiene vida social porque vive para los demás, vive dando y nunca pide nada. Dice que no pide porque le da vergüenza, pero en realidad no lo hace porque es omnipotente, se cree Superman o la Mujer Maravilla. ¿Cuál es el problema de esta gente? Que se estresa siempre porque no sabe poner límites ni delegar, y no es por la verdadera exigencia del trabajo, sino por su omnipotencia. Si vemos solamente nuestra potencia, esta se transforma en omnipotencia y todos sabemos cuántas enfermedades origina el estrés.

Comencemos por la premisa de que para el omnipotente todo es igualmente importante. Debe aprender a ponerse límites y a priorizar.

Supongamos que un malabarista tiene dos bolas de cristal y dos de goma. Cuando empieza a lanzarlas al aire, toda su atención está puesta en las bolas de cristal. Si se le caen las bolas de goma, no pasa nada porque rebotan; pero si se le caen las bolas de cristal, la pérdida es irreparable.

Tal como el malabarista, todos tenemos tareas que son importantes y otras que si salen mal o las postergamos no acarrean consecuencias graves. No es lo mismo hacernos un chequeo médico o compartir tiempo con nuestra pareja e hijos (bolas de cristal) que mandar un correo electrónico, hacer una llamada telefónica o visitar a un amigo (bolas de goma). Cuando somos capaces de discriminar eso, podemos saber *qué cuidar* y *qué no cuidar* con la misma intensidad.

> La acción expresa prioridades.
>
> **Mahatma Gandhi**

Otro ejemplo es un cirujano que tiene dos pacientes: uno necesita una cirugía de urgencia y el otro padece una fuerte gripe. ¿A cuál debe dedicar su esfuerzo inmediato? Para saberlo, debe discernir entre la gravedad de ambos casos y priorizar. Tiene que aprender a diferenciar lo importante de lo esencial.

El doctor Wayne Cordero señala que el recurso más preciado que todos tenemos es la energía y aprender a administrarla es clave para vivir más felices y lejos de la toxicidad de la omnipotencia. La fórmula del 5% dice que:

- El 85% de las cosas que hago las puede hacer cualquiera.
- El 10% de las cosas que hago las puede hacer gente con un poco de preparación.
- El 5% de las cosas que hago solo yo puedo hacerlas. Estas cosas tienen que ser mi prioridad.

Ese 5% es mi salud, mi familia, mi vocación, mi vida espiritual y el disfrutar de todo lo que hago. Perdemos mucho cada vez que dejamos de lado algunas de estas prioridades.

Todos necesitamos definir qué es imprescindible y qué es prescindible en nuestra vida, y para eso debemos priorizar. Pero para la persona omnipotente todo es igualmente importante, él todo lo puede, él todo lo sabe. Sin embargo, no sabe que en algún momento esa omnipotencia se volverá en su contra, pues correrá el riesgo de sufrir estrés, de enfermarse y de terminar siendo dependiente de la ayuda de los demás.

Para un niño es imprescindible su osito de peluche, sus juguetes, etcétera, pero a medida que va creciendo, regala el osito y los juguetes porque ya no son imprescindibles. Cuando crecemos de manera inteligente nos damos cuenta de que cada vez necesitamos menos cosas. Entendemos que los objetos son prescindibles y que lo imprescindible son las experiencias internas, los recuerdos, los afectos, el crecimiento espiritual, los momentos compartidos con nuestra familia y nuestros amigos.

Cuando crecemos nos damos cuenta de que es importante aprender a delegar, que es sano hacerlo porque nos permite abarcar mucho más. Siempre habrá:

- Cosas que yo puedo hacer y otros también pueden hacer.
- Cosas que yo puedo hacer, pero ahora son secundarias.

Pero debemos tener presente que siempre habrá también:

Un 5% de las cosas que nadie más que yo puede hacer. ¡A eso debo abocarme!

El éxito de nuestro proyecto vendrá con la capacidad de ver lo que queremos alcanzar y de poner en marcha el concepto de administración para obtener los resultados que esperamos, sin morir en el intento. *Y esto implica delegar de manera consciente y responsable.* Si no lo hacemos debido a la omnipotencia tóxica, no estaremos administrando adecuadamente los recursos ni las metas a alcanzar y el resultado será frustración, desánimo y fracaso. En cambio, si podemos sumar al equipo a aquellos colaboradores, profesionales, personas que han tomado el proyecto como suyo, que caminan hacia el mismo objetivo, hacia el mismo sueño, estaremos mirando hacia delante, hacia el futuro.

> El líder capaz entrena a su suplente, el cual puede delegar a voluntad cualquier detalle de su posición. Solo de esta manera un líder se multiplica y se prepara para estar en muchos lugares y dar atención a muchas cosas al mismo tiempo.
>
> Napoleon Hill

Si delegamos a tiempo, evitaremos enfermarnos, agotarnos y estresarnos. Si la otra persona está comprometida, sumará más gente al proyecto y se formará una nueva red de conexiones. Al delegar, podremos centrarnos en nuevos objetivos, nuevos proyectos, nuevas prioridades, y así el rendimiento y los resultados serán mucho mayores. *Delegar es un requisito fundamental para lograr resultados exitosos.*

5. LO QUE VERDADERAMENTE IMPORTA

Pregúntate qué es imprescindible y qué es prescindible para ti. Por ejemplo, ¿es imprescindible comer? Sí, pero no es imprescindible comer carne todos los días. ¿Es imprescindible vestirte? Sí, pero no es imprescindible comprar ropa de marcas exclusivas.

Si identifico qué es imprescindible, puedo dejar cosas de lado, porque no las necesito. Cuantas más cosas sean imprescindibles en tu vida, más miedo a perderlas tendrás. En cambio, cuantas menos cosas sean imprescindibles, más margen para negociar tendrás.

Un hombre fue a consultar a un médico y señalando con el dedo varias partes de su cuerpo, dijo:
—Me duele aquí, aquí, aquí y aquí. ¿Qué tengo?
El médico respondió:
—Tiene el dedo roto.

A veces creemos tener muchos problemas, pero en realidad el problema es uno solo: perdimos la capacidad de disfrutar.

Los seres humanos tendemos a preocuparnos por tonterías. Sin embargo, muchas veces una situación límite nos lleva a reordenar nuestras prioridades. Cuando vemos la muerte de cerca, cuando perdemos a un ser querido, sin lugar a dudas sacamos provecho de esa situación y ordenamos nuestras prioridades. Todas las tonterías, los detalles, las pequeñeces que antes nos preocupaban ya no nos preocupan más. Frente a una situación límite volvemos a centrarnos en las cosas realmente importantes de la vida.

Crecer debe ser una prioridad en tu vida. Tienes que trabajar más en tu persona que en tu empleo. Recuerda: *el don te lleva a la cima, pero el carácter, la madurez, te mantiene allí.* Y la omnipotencia termina llevando a la soledad, al cansancio y a la frustración. Antes o después tendrás que aceptar las limitaciones normales que tenemos todos los seres humanos. ¡Cuánto mejor es reconocerlo a tiempo! ¿No te parece?

¿Estás ocupándote de las cosas realmente valiosas en tu vida? Te propongo hacer este test muy conocido:*

- Nombra a las cinco personas más ricas del mundo.
- Nombra a los cinco últimos ganadores de la Copa Mundial de fútbol.
- Nombra a las cinco últimas ganadoras del concurso de Miss Mundo.
- Nombra a las cinco personas que ganaron el Premio Nobel o el Premio Pulitzer.
- Nombra a los cinco últimos ganadores del Premio Óscar al mejor actor o actriz.

¿Cómo te fue? No es fácil... Veamos otro test:

- Nombra a los dos profesores que tuvieron el mayor impacto en tu vida.
- Nombra a cinco amigos que te han ayudado en los momentos críticos de tu vida.
- Nombra a tres personas que siempre te hacen reír.
- Nombra a cuatro personas con las que te gusta pasar el tiempo.

Fue más fácil, ¿verdad? Las personas que hacen una diferencia en tu vida no son los que tienen el mayor número

---

* Extraído de http://www.ministros.org/responda-a-este-test/

de credenciales, más dinero o más premios, sino aquellas que te permiten disfrutar de la vida, tener intimidad y paz en tu interior. Muchas personas viven su vida quejándose de que siempre tienen que hacer todo. Esta actitud de ponerse en papel de víctima oculta el deseo de sentirse importantes y ponerse en

> La felicidad humana generalmente no se logra con grandes golpes de suerte, que pueden ocurrir pocas veces, sino con pequeñas cosas que ocurren todos los días.
>
> Benjamin Franklin

el centro de la historia. Hacer todo solo o sola, lejos de mostrar que la persona es independiente, denota su omnipotencia, pues la gente independiente se deja cuidar y pone límites. El parámetro para saber si estás haciendo de más debería ser tu felicidad: si eres feliz haciendo lo que haces no necesitarás quejarte porque entonces sabrás que estás haciendo aquello que debes hacer.

6. COMO EN EL AJEDREZ

En ajedrez existe una apertura que se conoce como «gambito de rey». Se trata de una estrategia que consiste en sacrificar un peón en pos de una mejora en la posición del juego. El jugador entrega una pieza para recuperarla más adelante o para ganar posición en el tablero. Obtener una ventaja mediante un sacrificio le proporciona una ventaja posicional que lo puede conducir a la victoria. El «gambito de rey» nos enseña sobre las pérdidas estratégicas.

El ajedrez es uno de los juegos de estrategia más extraordinarios. En el ajedrez siempre hay pérdidas. Esas pérdidas son movimientos estratégicos que tienen un propósito, y ahí radica la creatividad. Siempre hay que decidir sobre todo el tablero. El ajedrez es un juego de posibilidades. Aprender a jugarlo es más que conocer las reglas y saber cómo se mueve cada pieza. Es combinar las posibilidades. De eso se tratan las buenas decisiones. El omnipotente muchas veces se equivoca porque piensa que todo lo sabe, pero en la guerra, como en la vida, hay que saber jugar y no subestimar a nadie.

Muchos dicen que el ajedrez es un juego para personas inteligentes, pero la realidad es que jugar al ajedrez te hace inteligente. Quien aprende a jugar al ajedrez también aprende el juego sano de los límites, a elegir qué ganar y qué perder. Aprende que quererlo *todo* es tener *nada*.

Estas son dos actitudes que podemos imitar del juego del ajedrez:

1. **Pensar bien antes de decidir qué perder.** Mi maestro de ajedrez decía: «Cuando veas una buena jugada, no te apresures a hacerla; sigue observando, seguramente vas a encontrar una mejor.»
   Otra estrategia en el ajedrez es la «jugada de espera», que consiste en hacer un movimiento que no aporta ni resta, sino que se efectúa sencillamente para esperar el movimiento del otro y sobre eso construir una nueva estrategia. En la vida también hay momentos en los que esperar es clave para saber cómo seguir.

2. **Evaluar todas las opciones.** En cada jugada, el jugador evalúa posibilidades y piensa entre tres y siete jugadas. Cada una de esas jugadas es una decisión y es individual; cada decisión tiene que ser cuidadosamente meditada. Es fundamental actuar por respuesta y no por reacción, ya que esto me impulsará a un mayor crecimiento a corto y largo alcance.

En cada decisión el ajedrecista piensa hacia delante mirando todo el tablero, dado que todas las piezas están relacionadas entre sí.

Un buen jugador de ajedrez utiliza:

–La atención para concentrarse en el tablero.

–La planificación del futuro.

–La capacidad de decidir.

Estas son las tres herramientas que necesitamos para movernos hacia delante.

No es posible tenerlo todo, ¡siempre hay que renunciar a algo! Tienes que elegir perder A para ganar B. Esa capacidad de renuncia es lo que te permitirá disfrutar de lo que elegiste. Todos tenemos que aprender a renunciar a ciertas cosas para ganar otras. Quien no sabe renunciar a algo vive siempre insatisfecho, porque nadie puede tenerlo todo.

> Las ideas audaces son como las piezas del *ajedrez* que avanzan hacia delante. Pueden ser vencidas, pero también pueden iniciar una partida victoriosa.
>
> Goethe

Tenemos que aprender a segmentar los errores, es decir, diferenciar el error de lo que no lo es, y no confundir la parte con el todo. Puedo decir: «No sé bailar», y eso es verdad. Pero tengo que segmentar mi error y no pensar que soy un fracasado, que toda mi vida es un desastre porque no sé bailar. Es fundamental que identifiques exactamente cuáles son tus errores y cuáles tus habilidades. Si dices: «Todo me sale mal en la vida», «Nadie me entiende», «Siempre me equivoco» o «Nunca voy a ser amado», si piensas en términos de «todo», «nunca», «siempre» y «nadie» no lograrás identificar tus debilidades. ¡No hay nada más poderoso que reconocer tus debilidades!

El problema del omnipotente es, en esencia, la aceptación de los límites. Tiene un pensamiento infantil. Como un niño, cree que todo lo puede. Por eso «el cielo no es el límite». Todos tenemos un techo y conocer ese techo nos hace potentes. Por ejemplo, a los 40 años no puedo jugar al fútbol como jugaba a los 20, tengo que situarme en el contexto, es decir, ver a otros para tener ciertas pautas, para saber qué puedo y qué no puedo.

Al reconocer tus errores y expresarlos, no tienes que seguir manteniendo una imagen, puedes trabajar en tus dificultades. Si identificas tú mismo el error no te dolerá que luego alguien te lo señale para que lo corrijas. En cambio, si no te anticipaste, lo tomarás como una agresión.

Separar la herramienta de lo que soy, el hacer del ser o el personaje de la persona me permite pensar, en el caso de que pierda la herramienta, qué hice para conseguirla y cómo puedo recuperarla. Puedo caer de la cima, pero no perder el camino que una vez me llevó allí. El secreto es separar lo que soy de lo que hago. Eso me permite usar la herramienta en lugar de que ella me use a mí.

Todo lo que logramos en la vida —dinero, fama, poder, éxito, etcétera— son herramientas. Si nos fusionamos con la herramienta y nos identificamos con ella, al perderla nos perdemos a nosotros mismos. Esta es la razón por la que muchas personas que han alcanzado la fama o el poder caen en profundas depresiones cuando los pierden.

Solo Dios es omnipotente y omnisciente. Nosotros somos personas que tratamos de hacer y de ser lo mejor cada día, pero pretender ser omnipotentes es muy tóxico para nosotros mismos y para quienes nos rodean.

10

EL OBSESIVO

Las coherencias tontas son la obsesión de las mentes ruines.

RALPH WALDO EMERSON

1. SOCORRO, ¡MI JEFE ES OBSESIVO!

¿Qué son las obsesiones? Las obsesiones, un problema actual bastante común, son pensamientos, impulsos o imágenes recurrentes que se viven como intrusivos y causan ansiedad y angustia. Todos en algún momento nos hemos visto atrapados en pensamientos que aparecen una y otra vez en nuestra mente y dan la impresión de no querer soltarnos...

Analicemos en profundidad de qué tipo de personas tóxicas estamos hablando, cómo son, qué hacen, qué piensan, cómo se relacionan, quiénes forman su círculo, qué quieren y qué no aceptan.

- **Están atentos al mínimo detalle en todo.** Pueden ver cada árbol del bosque, pero no pueden ver el bosque completo. O quizá recorren todo el bosque, pero árbol por árbol. No poseen una visión global. Miran cada árbol como si fuese un compartimento aislado del otro. Los microdetalles, los pormenores son su foco.

  Por eso, los obsesivos son buenos líderes cuando se trata de inventariar, de hacer números, de auditorías: están en cada mínimo detalle. Para ellos, «si las cosas se hacen, se hacen bien» —entiéndase: perfecto—, dado que el error les genera ansiedad o culpa.

- **Si son líderes, los demás son peones ejecutores.** Si ocupan una posición de liderazgo no albergan lugar para la creatividad dado que todo pasa por ellos. Son como una cabeza con cientos de brazos. Por ejemplo: si están organizando un *coffee break* en una empresa darán la orden de comprar determinado café, no hay posibilidad de proponer otro. Las cosas «tienen que hacerse así». Por eso, nadie logra sorprenderlos, ellos «manejan todo». Al estar pendientes del mínimo detalle, anulan la creatividad de su gente, de sus afectos. Su equipo, su gente, debe trabajar y ¡mucho!

- **No delegan poder.** Las tareas deben hacerse tal cual lo indican, de esa manera y no de otra. Eso hace que las personas trabajen bajo presión. Los obsesivos establecen metas y se ponen de mal humor si no se cumplen. No otorgan autonomía a su grupo porque necesitan controlar. El hecho de controlar disminuye su ansiedad y les da tranquilidad.

- **No tienen claras las prioridades.** Para ellos todo tiene la misma importancia. No pueden relajarse. Y por eso resultan molestos para las personas de su entorno.

Llaman mil veces por teléfono, tratan de controlar y estar encima de todo, no dejan pasar un error y revisan cada cosa cientos de veces para que no haya equivocaciones.

- **Disfrutan el logro pero no el proceso.** El fin del trabajo es lo más importante. Disfrutan el parto pero no el embarazo. Si forman parte de un equipo, tienen un alto compromiso con la tarea, por eso pueden trabajar con ellos otras personas que también tengan ciertos rasgos obsesivos o plásticos que se adapten a este tipo de liderazgo. Un músico profesional puede pasar horas ensayando su instrumento, pero, a diferencia del obsesivo, el profesional lo disfruta mientras que el otro lo padece.
- **No se llevan bien con los narcisistas.** El obsesivo marca el error constantemente y los confronta con su aparente grandiosidad. Tampoco congenia con los histriónicos, porque son seductores y desordenados.

2. EL OBSESIVO-COMPULSIVO

El trastorno obsesivo-compulsivo es un esquema que se impone en la mente en forma de ideas, pensamientos absurdos e irracionales que no se pueden explicar. Es absurdo, parásito, irracional, vergonzoso. La persona que lo sufre dice: «Yo sé que es una tontería, pero no puedo dejar de hacerlo.» Estas ideas les generan angustia, ansiedad o miedo, y tratan de neutralizarlas con un ritual que en principio les genera alivio, pero luego les trae más angustia.

Recordemos que todos tenemos rasgos obsesivos y que no debemos confundirlos con el trastorno obsesivo-compulsivo, cuyas características son:

- Todo pasa por la razón y no por la emoción. Si una empleada le dice a su jefe: «Estoy embarazada», el jefe piensa y dice: «Ah, ¿quién te va a reemplazar?»
- Alto compromiso con las normas, ya sean de trabajo, morales o familiares.
- Duda permanente. «¿Lo hago todo bien?» Una vez realizada la tarea la disfrutan y se relajan, pero hasta ese momento la duda los hace estar encima de los otros todo el tiempo.

Además, las personas que padecen el trastorno obsesivo-compulsivo pueden reunir una o más de estas cualidades:

- Son ordenadas y rígidas.
- Son inflexibles. Es raro que cambien de opinión.
- Son reservadas, distantes y poco románticas.
- Les gusta trabajar con conocidos, no así con desconocidos.
- Son extremadamente ahorradoras.
- Sus recuerdos son solo datos. No activan las emociones, por eso les cuesta apreciar el arte, la estética, la literatura.
- Sus movimientos son rígidos y a veces prefabricados.
- Son aduladores con sus superiores, y exigentes y controladores con sus subordinados.
- Ven la vida en términos de blanco y negro. De todo o nada.
- Su ira se expresa en forma de hiperexigencia.
- Son aburridos y burócratas.

¿Cómo piensa el obsesivo?

La terapia cognitiva ha descubierto que el obsesivo tiene estas creencias:

- «No debo cometer errores. No debo fallar, el fracaso es intolerable.» (Si no logra el cien por cien es un fracaso total.)
- «Debo estar encima de todo, solo puedo contar conmigo mismo para que las cosas salgan bien.»
- «Debo controlar mis emociones y el ambiente es el descontrol.»
- «Si retraso las cosas, saldrán mejor; tendré más tiempo para pensar.»
- «Preocuparse es bueno porque ayuda a mejorar las cosas.»*

3. NO TODO ES OBSESIÓN

- **El fundamentalismo no es obsesión.** Un fundamentalista que vive creyendo que sus ideas son las únicas verdaderas no es necesariamente un obsesivo. Ser fundamentalista en cualquier área de la vida es una señal de inseguridad interna. Es la manera que tiene la persona de ahogar su curiosidad. Ahoga aquello que le genera ansiedad y temor, diciéndose que lo que cree es la única verdad.

  Ser un fundamentalista es muy diferente de tener una convicción. Una persona con convicciones tiene sus creencias pero no teme al debate; el fundamentalista, en cambio, ni siquiera debate, ya que piensa que solo él posee la verdad y los demás están equivocados.
- **El negativismo no es obsesión.** Un negativo que vive pensando en todo lo malo no necesariamente tiene una idea fija. Aquel que no elige pensar en positivo evita

* Aaron Beck, *Terapia cognitiva*, Paidós Ibérica, Barcelona, 1995.

interrogarse a sí mismo acerca de un tema y se mantiene en la zona de confort. Aunque parezca mentira, una actitud negativa como el «ser una víctima» genera algún beneficio, por eso la persona se resiste a abandonarla. También puede ser una señal de inseguridad.

Los pensamientos obsesivos, que a menudo son irracionales y absurdos, pueden llegar a hacernos mucho daño a nosotros mismos o a los demás. Por eso, lo mejor siempre es detenernos a observarlos (sin juzgarlos), teniendo en cuenta si serán positivos para nuestra vida y la de los otros o no. Ser «consciente de lo que estoy pensando» siempre hace que aquello que nos hace mal pierda su poder.

> Quien no es dueño de su pensamiento, no es dueño de sus actos.
>
> Victor Hugo

4. CÓMO ADMINISTRO MIS PENSAMIENTOS OBSESIVOS

Veamos este ejemplo que nos brinda Steven C. Hayes:

Tengo mis llaves en el bolsillo. Las llevo conmigo y las uso cuando las necesito. Las llaves me sirven para abrir y cerrar puertas. Ellas no me llevan a mí, ¡yo llevo mis llaves! Las llaves son los pensamientos. Ellas no me dicen a mí adónde ir, sino que las utilizo para abrir y cerrar. Yo decido cuándo, dónde y de qué manera. Los pensamientos aconsejan, pero no tienen pies.*

* Prólogo de Steven C. Hayes a J. Stoddard y N. Afari, *The Big Book of Act Metaphors*, New Harbinger Publications, Oakland, 2014.

Se ha comprobado que el ser humano tiene aproximadamente 4.000 pensamientos al día, tal vez más. Estos pensamientos duran pocos segundos, y el 50% de ellos no tienen nada que ver con lo que estamos haciendo en ese momento.

Nuestra mente es como una revista de actualidad que tiene anuncios buenos, anuncios interesantes y también anuncios malos e inútiles. Todas las personas, independientemente del lugar donde hayamos nacido o nos hayamos criado, tenemos pensamientos de todo tipo: agradables, neutros, desagradables, repentinos, progresivos y otros que no nos sirven para nada y solo nos causan tristeza. ¿Qué debemos hacer con esos pensamientos que invaden y atrapan nuestra mente causándonos angustia y depresión? Steven Hayes nos señala tres comportamientos posibles, dos que no funcionan y uno que sí funciona.*

> El mundo que hemos creado es un producto de nuestro pensamiento. No puede cambiar sin cambiar nuestra forma de pensar.
>
> **Albert Einstein**

Veamos primero los dos que no funcionan:

a. Tratar de controlar los pensamientos

Supongamos que te apunto con un arma y te digo: «Si no limpias esta oficina en media hora, te despido.» ¿Limpiarías la oficina? ¡Por supuesto que sí! Ahora imaginemos que te conecto a un polígrafo (aparato que mide los cambios fisiológicos, la famosa «máquina de la verdad») que tiene conectada un arma que apunta a tu cabeza, y te digo:

* Ídem.

«Si te pones nervioso o tienes algún pensamiento de ansiedad, el arma se va a disparar.» ¿Crees que saldrías vivo? ¡Claro que no! Entonces, cabe preguntarse: ¿por qué podemos limpiar una oficina y no podemos controlar la mente? *Porque podemos manejar nuestras conductas, pero la mente no se puede controlar.*

Imaginemos que un niño quiere tapar los agujeros de un dique para que no salga agua. Tapa uno con un dedo e instantáneamente comienza a salir agua por otro. Estira el pie y tapa ese agujero, pero empieza a salir agua por otro. Pone la otra mano, después el otro pie, luego la cabeza, pero no logra que el agua deje de pasar. Del mismo modo, mucha gente vive toda la vida sin vivir, porque se lo pasan tratando de controlar los pensamientos que, como dijimos, no se pueden controlar. Cuanto más intentamos controlar los pensamientos, más crecen.

b. Evitar los pensamientos

Muchas veces, cuando sentimos miedo o angustia, decimos: «Me voy a distraer, voy a pensar en otra cosa.» Eso no sirve, porque lo único que logramos es que los pensamientos negativos aumenten. Supongamos que viene a mi mente el pensamiento de que me quiero morir. Me digo: «No quiero pensar esto, me voy a distraer», y me pongo a mirar la televisión. Inconscientemente estoy asociando televisión con pensamiento de muerte; por lo tanto, otro día cuando vuelva a mirar la televisión en mi mente se va a activar el pensamiento de que me quiero morir.

Es exactamente igual a lo que sucede cuando hundimos una pelota en el agua: al soltarla sale con más fuerza. Cada vez que tenemos pensamientos negativos e intentamos controlarlos o evitarlos, estos crecen, lo cual nos lleva a sentirnos mal. Cuando nos sentimos mal, actuamos mal, y cuanto más tiempo pasemos actuando mal, más pensamientos negativos tendremos. ¡Los pensamientos no se pueden evitar ni controlar!

> Si la gente nos oyera los pensamientos, pocos escaparíamos de estar encerrados por locos.
>
> Jacinto Benavente

Ahora analicemos lo único que sí funciona a la hora de manejar la toxicidad de los pensamientos obsesivos:

c. Observar los pensamientos sin intentar controlarlos ni evitarlos

No tenemos que luchar para que los pensamientos negativos se vayan ni tenemos que distraernos para evitarlos, solo necesitamos observarlos como si fuesen un cuadro en exposición. Aceptamos que están allí, pero sabemos que *nosotros no somos esos pensamientos.* Los pensamientos son como las llaves, ellas no nos llevan a nosotros, sino que nosotros las llevamos a ellas en el bolsillo (aunque a veces sea molesto). Tus pensamientos no tienen que dirigir tu vida, tu mente no tiene que dirigir tu vida. Usa tus pensamientos de acuerdo a si te resultan útiles o no.

Una metáfora que utiliza la terapia de aceptación y compromiso dice: Imagina que estás en un «tira y afloja» con un enorme monstruo. Tú tienes un extremo de la cuerda, el monstruo tiene el otro y en el medio hay un gran abismo. Cuando el monstruo empieza a tirar de la cuerda, también tú tiras hacia atrás con todas tus fuerzas. Pero como el monstruo es grande, no resistirás mucho tiempo. ¿Qué tienes que hacer? ¡Soltar la cuerda! El monstruo seguirá allí, pero ya no estarás atado a él. ¡Habrás hecho algo útil! Lo mismo ocurre con las arenas movedizas, cuanto más te mueves, más te hundes. Entonces, ¿qué conviene hacer? ¡Tenderte de espaldas y dejar que tu cuerpo flote sin hacer movimientos, es decir, «hacer el muerto»! Lentamente tu cuerpo irá saliendo a la superficie porque habrás distribuido el peso.

Tenemos que aprender a mirar los pensamientos como si fuesen hojas que pasan flotando por las aguas de un río. Así, perderán poder y pasarán de largo. Los pensamientos son solo ideas y ¡tú no eres tus pensamientos!

5. ACTITUDES SANAS FRENTE A LA OBSESIÓN

Los terapeutas cognitivo-conductuales, que exploran los vínculos entre los pensamientos y las emociones, sugieren las siguientes ideas para enfrentarse a la obsesión tóxica (propia y ajena):

- No es necesario estar totalmente seguro para hacer algo.
- La ansiedad y la obsesión no son peligrosas, se pueden tolerar aunque nos ocasionen un poco de molestia.
- Pensar no es hacer.
- Es bueno permitirse un poco de incertidumbre. Nada presupone una certeza absoluta. Esta creencia errónea nos hace gastar energía y fuerzas.
- No es posible controlar todo lo que sucede.
- Confiar en uno mismo, en el juicio propio.
- No conviene convertirse en psicólogo de uno mismo y analizar todo lo que nos pasa.

- Decidir es mejor que dudar.
- Evitar responderse a uno mismo todo el tiempo.
- Dejar de luchar y dejar fluir. Permitir que las obsesiones aparezcan. Dejarlas fluir sin atacarlas, sin anularlas. ¡Acepto mis obsesiones!
- Identificar mis pensamientos automáticos (por ejemplo: «puedo contagiarme», «algo malo va a pasar», «la suciedad es peligrosa»).
- Gritar ¡basta! y hacer otra cosa.

Ahora bien, imagina que a un amigo tuyo le pasa esto y no sabe qué actitud tomar frente a la obsesión. ¿Qué le aconsejarías, qué le propondrías que haga?

Esto que pensaste, ponlo en práctica tú. De esta manera estarás aligerando y disminuyendo la autocrítica.

11

EL PELEÓN

Al que le gusta pecar, le gusta pelear; el que abre mucho la boca, busca
que se la rompan.

PROVERBIO

1. ¡NO SE VA A SALIR CON LA SUYA!

¿Conoces alguna persona que está constantemente peleando, que hace de la pelea una forma de vida? Veamos qué
características tienen estos «peleones».

- **Reconocen sus límites pero los viven con impotencia.** Esto explica la ansiedad con la que siempre se manejan, yendo de un lugar al otro.
- **Estallan con sus emociones para alejar a los demás,
  porque estos les recuerdan sus límites y eso les genera enojo.** Por ese motivo, cuando una persona se

queja o grita constantemente la gente suele decir: «Es insoportable» o «Aléjate de esta mujer que vive enloqueciendo a todos». Con su comportamiento, estas personas transmiten el siguiente mensaje: «Aléjate de mí porque sé que tengo límites y, como no los soporto, lo que hago es estallar con mi enfado.»

- **Las personas puramente biológicas suelen ser impulsivas.** Gritan, discuten y se pelean con quien tengan a mano. Pasan más tiempo discutiendo y peleando que disfrutando de la vida.

- **Son personas amargadas.** No solo se amargan la vida a sí mismas, sino que entorpecen las relaciones. El otro, cuando tiene que entablar trato o una conversación con una persona de este tipo, suele preguntarse: «¿Cómo se habrá levantado hoy?» «¿De qué humor estará?» Porque de acuerdo a ello responderá y se relacionará con los demás.

- **No tiene recursos para controlar la situación.** Por eso quiere silenciar al otro, impedir que reaccione.

¿Eres una persona que se enfada fácilmente? ¿Te identificas con algunos de estos rasgos?

Una de las capacidades que tiene el ser humano es la de ser sabio, elegir de qué hablar, cómo hacerlo y de qué manera. *Una palabra sirve para construir un puente.* El puente sirve para conectar el punto A con el punto B, para que la gente pueda pasar de un punto al otro. Necesitamos palabras de sabiduría. Cuando yo no uso la palabra de sabiduría, no construyo un puente, construyo un «muro». Si yo no sé hablar, en lugar de conectar con mi familia, con mis amigos, etcétera, voy a levantar un muro y en el muro no hay conexión.

Por ejemplo, la madre le dice a la hija: «Es hora de levantarse para ir al colegio.» «No me levanto», responde la hija. «¡Te digo que te levantes!», insiste la madre. ¿Qué hace después? Llama al marido y le cuenta lo que hace la hija. Le pasa el teléfono y el padre le dice: «Ya verás cuando llegue a casa.»

Se enfadó la madre, se enfadó la hija y se enfadó el padre. ¿Qué pasó allí? Perdieron los tres porque cuando uno se mueve con enfado, no construye un puente, sino un muro.

¿Te enfadas mucho? El enfado es una emoción normal que todos los seres humanos poseemos. Esta emoción suele enviar sangre a las manos, porque el primer impulso que genera es el de pelear, pero también puede llevar sangre a los pies, en el caso de querer huir. El enfado se torna patológico o tóxico cuando es muy frecuente, muy intenso, dura mucho tiempo o conduce a la violencia.

Hay personas a las que nunca vemos enfadadas, porque se guardan, se «tragan» el enfado. Sin embargo, guardar el enfado dentro de nosotros con el tiempo genera enfermedades. Las personas que no pueden expresar su enfado no pueden ponerse límites a sí mismas y, por ende, tampoco lo podrán hacer con los demás. Si alguien te pide algo y le dices: «No puedo», es porque primero te dijiste a ti mismo que no podías. Esto significa que solo cuando reconoces primero tu límite contigo mismo puedes hacerlo luego con el otro. Si, en cambio, no te pones límites, reprimes tu enfado y dices que sí a todo, llegará un momento en que tu cuerpo va a segregar sustancias químicas que literalmente pueden llegar a provocarte, por ejemplo, severas úlceras gástricas.

Por todo esto, elige comunicarte sabiamente para cuidar tu vida emocional y física. Necesitamos saber que «el enfado construye muros, pero la palabra de sabiduría construye puentes».

2. MITOS SOBRE EL ENFADO

Existen varios mitos sobre el enfado. Por ejemplo, algunas personas sostienen: «Yo no me voy a enfermar porque expreso todo y grito.» Esto es falso. Cuanto más explota uno y más saca hacia fuera lo que siente, más se enferma. Por eso, algunas personas tienen infartos y no pueden entender cómo les pasó. *No es bueno soltar todo, explicar todo.* Cuando los hombres van a los estadios y gritan desaforadamente, dicen: «Ya me he desahogado.» Es falso. Lo que expresan de esa forma se potencia porque la ira que se manifiesta «explotando» se retroalimenta. No hay que explotar.

Otra mentira del enfado es justificarse pensando que «él/ella me provocó». ¿Alguna vez dijiste: «Lo que dijo hizo que me enfadara»? ¡Mentira!

¿De dónde viene el enfado? Veamos cómo se origina. Por ejemplo, suponte que vas a un restaurante y pides el menú del día. Pasan cinco minutos, pasan diez minutos, pasa media hora y el camarero no te trae nada. Te empiezas a molestar. Reclamas al camarero. A los cuarenta y cinco minutos, el camarero sigue sin aparecer y no estás dispuesto a seguir tolerando la situación. Cuando te levantas de la mesa para salir de ese lugar se acerca el camarero y te explica: «Un cliente tuvo un infarto, tuvimos que llamar a la ambulancia, parece que está muerto.» Automáticamente tu enfado desaparece. ¿Por qué? Porque el enfado proviene de un pensamiento.

Un pensamiento provoca el enfado
y un pensamiento también lo quita.

Es mentira que acumulemos enfado, porque si así fuera no se iría rápidamente. En este caso, cuando te dice el camarero que se retrasó porque una persona murió el enfado se esfuma.

Imagina que por el pasillo de un hospital pasa una doctora y al ver un señor fumando le grita: «Aquí no se puede fumar, ¡fuera!» Entonces el hombre se acerca a la doctora y le arroja el humo en la cara. La mujer se queda de una pieza. ¿Por qué? Porque ella gritó.

¿Qué significa esto? Cuando yo me muevo con enfado, pongo al otro en un dilema. Solo hay dos reacciones posibles: «obedecer con resentimiento» o «redoblar la apuesta».

El hombre increpado no elige obedecer. Redobla la apuesta. La doctora ya no tiene capacidad ni argumentos para resolver el tema, porque los agotó. Cuando le gritas a alguien: «¡Muévete, este es mi lugar en la cola!», agotas los recursos.

En el caso del hospital, por suerte otro médico se acerca al hombre y le dice de buena manera: «Eso no está bien... Por favor, no lo hagas.» «Pero ella me gritó», se defiende el acusado. «Fumar aquí es perjudicial para las personas que están enfermas, deberías ser más considerado.» Esa actitud es genial.

Recuerda: cada vez que te enfades y le grites a alguien, le dejarás dos alternativas. Si en cambio haces un chiste o pides por favor, tendrás más recursos para construir puentes.

¿Alguna vez, en algún lugar te gritaron? ¿Por qué una persona grita? Porque, como dije anteriormente, no tiene recursos para manejar la situación y quiere silenciar al otro, impedir que reaccione. No se da cuenta de que de esa manera no le deja más alternativas que *obedecer con resentimiento o redoblar la apuesta.*

Ninguna de estas alternativas nos permite construir puentes. Como el error que cometimos casi todos los padres con nuestros hijos: el niño va caminando, se golpea con el ángulo de la mesa y, ¿qué le decimos? «Mesa mala, mala la mesa, ¡pobrecito mi bebé!» Le enseñamos desde que da sus primeros pasos a culpar a los demás de las cosas que hacemos. Así, cuando el niño crezca, dirá: «Jefe malo, esposa mala, chas, chas, chas.» Lo correcto sería decirle: «Mi amor, no corras por toda la casa porque puedes golpearte.» De esa manera se pone el foco en la responsabilidad. Todos dijimos alguna vez «mesa mala»... ¡y así nos fue!

Un día el viento desafió al sol a competir para saber cuál de los dos era el más fuerte.

—Te demostraré que tengo más fuerza que tú. Mira cómo le quito el sombrero a ese hombre que está ahí.

El viento empezó a soplar cada vez más fuerte. El hombre sostuvo con la mano el sombrero hasta que la ráfaga pasó, porque el viento se cansó de soplar.

A continuación el sol comenzó a proyectar sus cálidos rayos sobre el rostro del hombre que reconfortado se sacó el sombrero. El viento, enojado, le preguntó cómo lo consiguió.

—En vez de usar la fuerza, querido amigo viento, usa la calidez y lograrás tu objetivo —respondió el sol.*

Me contaba una persona que en las redes sociales lo insultaban mucho, hasta que leyó en un libro cómo hacer para ganar amigos e influir en los demás. Es sencillo: decir «gracias» y «por favor». Empezó a ponerlo en práctica en Twitter y en Facebook y los insultos bajaron considerablemente.

Lo cierto es que las palabras amables son palabras de sabiduría. Sam Walton, el fundador de Wallmart, enseñaba a sus empleados que cuando el cliente estuviera a menos de

---

* Fábula de Esopo.

tres metros de distancia, tenían que sonreírle, mirarlo a los ojos y saludarlo con amabilidad. ¡Y los resultados han sido excelentes! Haz lo mismo y comprúebalo por ti mismo.

Cuenta una anécdota popular que dos hermanos estaban enemistados. Uno de ellos contrató a un carpintero y le dijo:

—Quiero que levantes una cerca entre mi hermano y yo, porque no lo aguanto más. Te pagaré lo que sea.

Después de hacer el encargo el hombre se fue al pueblo. Cinco horas más tarde, cuando regresó, el trabajo estaba terminado. Pero el carpintero no había construido un muro, había construido un puente.

—¡Yo pedí un muro! —se quejó.

Mientras seguía hablando el hermano atravesó el puente y exclamó:

—¡Gracias por tu intención de comunicarte conmigo! Yo también te estaba echando de menos. Te pido perdón.

Los hermanos se abrazaron, se perdonaron y ambos invitaron al carpintero a cenar esa noche. Pero el carpintero respondió:

—No puedo, gracias, tengo mucho trabajo por hacer: seguir construyendo puentes.

Las palabras de bendición nos conectan con los demás. Usa siempre palabras amables, palabras positivas.

3. TÚ O YO

¿Callo o hablo? En principio, quiero decirte que no se puede construir un diálogo cuando hay enfado. *El enfado es una emoción, y la idea es racional, lo que significa que no es posible expresar una idea racional con emoción.* Es imposible que se pueda construir un diálogo entre dos personas cuando una de ellas está enfadada, ya que «razón» y «emoción» no conversan entre sí.

¿Qué hacer entonces cuando uno de los dos está enfadado? A continuación voy a compartir contigo algunas ideas acerca del enfado y cómo comportarnos frente a él:

Cuando una de las dos partes involucradas está enfadada, lo aconsejable es evitar el conflicto sin huir. Supongamos que una persona le grita a la otra y esta última se queda en silencio. Si la primera se irrita ante la pasividad de la segunda, elevará aún más el tono de voz, lo que hará que, a su vez, la otra le responda de un modo más agresivo, y así sucesivamente.

Cabe preguntarse entonces: ¿qué se debe hacer para evitar el conflicto sin huir? En este caso, lo más aconsejable es pronunciar frases como: «Tal vez tengas razón, pero lo hablaremos después» o «En estos términos no nos vamos a poner de acuerdo». De esta manera, dejas en suspenso el conflicto para que en otra ocasión, con más tranquilidad, ambos lo podáis resolver.

Los años que tenemos en esta vida no son muchos, por lo que se hace imprescindible que sepamos aprovecharlos y que no perdamos tiempo en las cosas equivocadas. No es malo sentir el enfado, pero si no lo utilizamos en el lugar y momento correctos, terminaremos desperdiciando nuestra vida.

Por eso, cuando estés frente a un enfadado crónico y tóxico:

1. **No pelees la batalla equivocada, porque aunque la ganes, pierdes.**

   En una guerra o en un divorcio, ninguno resulta ganador. David tenía claro que de nada sirve ganar la batalla equivocada. Cuando fue a pelear contra Goliat, el hermano le dijo: «¿Quién te has creído que eres? Dedícate a cuidar las ovejas.» Ante esa agresión, David podía haber iniciado una pelea con su hermano, pero no lo hizo porque sabía que esa no era su verdadera batalla.

2. **No dejes que los demás elijan tus batallas.**
   Cuando alguien te provoca te está invitando a su batalla. Si accedes a esa provocación y respondes con agresividad, lo único que vas a lograr es pelear una batalla que no es la tuya. Habrá gente que te insulte mientras estés conduciendo tu coche; otras personas te empujarán mientras camines por la calle, pero pese a eso, no permitas que los demás te metan en sus batallas.

3. **Transforma tu enfado en energía para resolver el conflicto.**
   Cuando una persona sabia se enfada no busca aplastar al otro, sino que lo abraza y le pregunta: «¿Cómo podemos resolverlo?» Cuando dos personas discuten no tienen que buscar quién tiene la razón o quién es el más fuerte, sino sentarse a analizar de qué manera pueden resolver sus diferencias. El enfado muchas veces nubla la razón y hace que uno quiera derribar al otro. Sin embargo, lejos de generar división, un problema tiene que servir para unir a las personas y que de esta manera lo puedan resolver.

4. **No se puede resolver un conflicto a través de las redes sociales.**
   ¿Por qué la gente agrede tanto en estas redes? El fenómeno de la violencia creciente en los comentarios

vertidos a través de las redes se explica porque aparentemente el otro aparece como un ser invisible. Así, muchas personas que son tímidas y no se atreven a expresar lo que sienten cara a cara lo hacen por este medio. Además, el hecho de que todo sea por escrito, priva al mensaje de las emociones que se expresan en persona, algo que claramente se observa en los mensajes de correo electrónico. Esto genera confusión y ocasiona problemas, por lo que nunca es recomendable que resuelvas tus diferencias con alguien ni por las redes sociales ni a distancia. Recuerda que siempre es importante que veas al otro cara a cara y puedas escuchar el tono en el que te transmite su mensaje.

5. **Hay una sola batalla que debes pelear.**
Esa batalla es la de tu vida. La de tus logros, la de tus sueños, la de tu familia, la de tus afectos. No pelees con la gente, lucha contigo para superarte. La única batalla que tenemos que pelear es la de crecer y aprender. Algunas personas luchan en la batalla equivocada y por cosas absurdas. No los imites. Pelea la batalla de tu vida. Cuando un peleón tóxico te quiera provocar y meter en su batalla, piensa: «No puedo perder el tiempo, porque la vida se me va y tengo que hacer muchas cosas.»

¿En tu trabajo hay personas complicadas? ¿Cómo hacer para construir un puente con esas personas? Una manera puede ser acercarte a ellas y decirles: «Esto lo estamos logrando juntos», de este modo las estás incluyendo. No digas: «Esto lo logré yo»; «Esto funciona gracias a mí». Cuando reconoces mérito a los demás, cuando los incluyes en el equipo, estás construyendo un puente. Palabra de sabiduría no es recitar: «En 1492 Colón descubrió América, llegó con las tres carabelas, con casi cien tripulantes...» Palabra de sabiduría es la habilidad para tender un puente con tus hijos, con tus amigos, con tus compañeros.

Un gato y un perro encontraron un trozo de queso y comenzaron a pelearse, diciéndose el uno al otro que lo habían visto primero. Se acercó una zorra y notando el conflicto les dijo:

—¡No podéis perder la amistad por un trozo de queso! Dividámoslo en dos.

La zorra cortó el queso, pero un trozo quedó más grande que el otro, de modo que ninguno de los dos quería escoger el más pequeño.

—Esto se puede resolver —dijo la zorra, y mordió del trozo más grande de manera que ahora era el más pequeño. Al ver que se presentaba la misma duda para escoger, siguió mordiendo una y otra vez de los pedazos hasta comerse todo el queso ante los ojos del perro y el gato.

Lo mismo que ocurre en la antigua fábula, nos pasa en la vida. Si no crecemos, alguien se nos comerá el queso delante de nuestros ojos. ¿Te han criticado? ¿Han hablado mal de ti? ¿Han inventado un rumor? ¿Han hecho comentarios en Facebook o en Twitter que te lastimaron? Frente a ellos, no te desenfoques. Cada uno se mide por el nivel de sus oponentes. Las águilas no cazan moscas, el peso pesado no pelea con un peso pluma. Pregúntate: ¿con quiénes estoy peleando? ¿Por qué cosas? ¿Valen la pena? ¿Quién gana más con esta «pelea»? ¿A quién le conviene más, a mí o al otro?

Tienes que enfocarte en tu objetivo, que no es pelearte ni vivir enfadado con todo el mundo, sino lograr los sueños que hay en tu corazón. Ir siempre a por más salud, más amor, más crecimiento, más familia, más felicidad, más bienestar, y eso lo logramos estando sanos.

Si quieres triunfar, concéntrate en las cosas grandes de la vida.

Si quieres ganar, sé un constructor
de puentes, no de muros.

No suelo leer poemas, pero este, llamado «El constructor de puentes», de Will Allen Dromgoole, me gustó tanto que lo tengo en la pared de mi oficina y dice así:

Caminaba un anciano por un sendero desolado,
al caer la tarde de un día frío y nublado.
Llegó él a un barranco muy ancho y escabroso
por cuyo fondo corría un lúgubre arroyo.
Cruzó así al otro lado en la tenue luz del día,
pues aquello al anciano ningún miedo ofrecía.
Al llegar a la otra orilla construyó el hombre un puente
que hiciera más seguro atravesar la corriente.
«¡Escuche! —le dijo un viajero que pasaba por allí—,
malgasta usted su tiempo al construir un puente aquí.
Su viaje ya termina, pues ha llegado el fin del día
y ya nunca más transitará por esta vía.
Ha cruzado el barranco, dejando atrás lo más duro,
¿por qué construye un puente, estando ya tan oscuro?»
El anciano constructor levantó entonces la cabeza:
«Es que por este mismo camino —respondió con firmeza—,
noté que hace algunas horas me trataba de alcanzar
un jovencito inexperto que por aquí ha de cruzar.

Este profundo barranco para mí no ha sido nada,
mas para el joven que viene será una encrucijada.
En las sombras pasará cuando llegue aquí,
es por eso que para él este puente construí.»

¡Extraordinario! Qué bueno sería que pudiéramos construir puentes para los demás en lugar de desperdiciar nuestra vida en enfados y peleas tóxicas.

¡Crece, sé una persona «enseñable» que no cree saberlo todo, que no se enreda en el juego del otro y que solo lucha por la mejor versión de sí mismo!

12

EL MASOQUISTA

Disfrutar de todos los placeres es
insensato; evitarlos, insensible.

PLUTARCO

1. YO SOY EL PROBLEMA

Una persona masoquista piensa que todos los problemas del mundo se deben a su existencia. Todos los males
son su responsabilidad. El masoquista es la persona que
dice: «Ese que buscas soy yo.» Se elige como chivo expiatorio, porque se siente culpable, se siente responsable. Piensa
que él es el problema de todo lo que pasa, ya sea en la pareja,
en el trabajo o en cualquier otra área de su vida. Tiene ten-
dencia a depender de los demás, a someterse a los demás, y
el castigo le hace saldar la culpa que siente. Cuando una
persona tiene culpa, o se siente culpable (consciente o inconscientemente), buscará construir escenas y situaciones

para ser lastimado. Al considerarse culpable, como si hubiera infringido una ley, se sentirá merecedor de castigo.

Es difícil convivir con este tipo de persona, compartir un trabajo, una tarea, una relación de pareja. ¿Cómo saber entonces si una persona con quien tenemos relación cercana es masoquista? Veamos los rasgos más sobresalientes de estas personalidades:

- **Se culpan por todo.** Se eligen a sí mismos como chivo expiatorio. Dicen: «Es culpa mía, error mío y merezco el castigo.»
- **Se boicotean cuando están cerca de alcanzar el éxito.** Cuando en la vida les va bien comienzan a autoboicotearse para que las cosas salgan mal. Pudiendo estar bien, eligen estar mal.
- **Menosprecian las situaciones placenteras.** No las celebran.
- **Construyen consciente o inconscientemente sus desgracias.** El castigo les salda o nivela la culpa. Buscan el dolor, por ejemplo, una enfermedad difícil de curar que los llevará al papel de víctima.
- **Se sacrifican.** Quieren servir y ser útiles a los demás porque creen que todos valen más que ellos. Ponen a los demás por encima de ellos mismos, de su propio bienestar. Dicen: «No importa, yo lo hago, no te esfuerces.»
- **Son dependientes.** Necesitan siempre alguien que les observe, que sea testigo de sus sacrificios.
- **Se someten.** Se entregan al otro sin condiciones. Creen que merecen ser avergonzados y humillados.
- **Son falsamente humildes.** El masoquista tiene un componente narcisista.
- **Viven escuchando la voz del miedo.** Una voz que les

impide disfrutar de sus éxitos, de sus logros. Que les roba su presente, su mañana, su mejor momento. Que los atemoriza, que los persigue, que les dice que el mañana va a ser trágico, que nada se puede hacer, que se terminó todo. Una voz que no les deja pensar con claridad.

- **Requieren siempre de un perseguidor.** Por ejemplo, el marido que la presiona u acosa, el padre que la obliga a casarse, etc. Luego dirá: «Me obligaron a casarme y yo sufro mucho, pero no me importa. Lo que importa son mis hijos porque el amor de una madre no tiene límites.»

Muchas de las cosas malas que les pasan a los masoquistas las generan ellos mismos. Las construyen para saldar esa culpa que creen tener y así sentirse un poco mejor. Una persona que busca el castigo para saldar la culpa evita las situaciones de placer. Aunque las encuentre, no las podrá disfrutar. Busca tareas arduas, trabajos o estudios difíciles, circunstancias complicadas, que en el fondo no se cree capaz de superar, y esa es otra manera de saldar la culpa. Construye, consciente o inconscientemente, sus desgracias y necesita de dos personas: *alguien que lo persiga* (marido, esposa o jefe) y *alguien con quien quejarse*. El masoquista siempre busca alguien que escuche sus lamentos: «¡No sabes lo difícil que es!»

> Gran descanso es estar libre de culpa.
>
> Cicerón

Si reconoces alguna de estas actitudes en tu vida o en la de aquellos que te rodean, es hora de encender la alarma y ver si existen rasgos masoquistas propios o ajenos que te causen un sufrimiento innecesario.

> La culpa no está en el sentimiento, sino en el consentimiento.
>
> San Bernardo de Claraval

Necesitas saber que habrá momentos buenos, pero a veces alguien te desilusionará. Algo pasará, alguien no celebrará tus resultados, alguien no entenderá tu voz y tu alegría. Todos hacemos cosas en las que nos va bien, pero también hacemos cosas en las que nos va mal. Celebra lo que haces bien y no escondas lo que haces mal. No nacimos para colocarnos siempre en segundo lugar. Nacimos para ser felices y alcanzar nuestros sueños.

2. ¿CÓMO ME RELACIONO CON UNA PERSONA MASOQUISTA O CON MI PROPIO MASOQUISMO?

Puedes hacerlo a través de la responsabilidad y de la autonomía. ¿De qué estamos hablando? Imaginemos que está lloviendo a cántaros. ¿Podemos hacer algo para detener la lluvia? ¡No! Pero podemos elegir si salimos o nos quedamos en casa. Esa capacidad de responder, de reaccionar, es ejercer nuestra libertad.

El que maneja un bote a vela no puede detener el viento ni cambiar su dirección, pero puede utilizar ese viento a su favor. Puede usar «el timón» de la nave.

No elegimos las batallas que la vida nos presenta, pero podemos elegir cómo pelearlas. Veamos de qué manera hacerlo.

Situarme en el lugar de la responsabilidad y elegir cómo reaccionar.

«¿Qué puedo hacer yo frente a esto? ¿Qué voy hacer con esto que me pasa?», son las preguntas más poderosas que nos podemos plantear. Algunas cosas nos saldrán bien y otras mal, pero lo haremos nosotros mismos. No somos responsables por lo que nos metieron en la cabeza, pero sí somos responsables por lo que vamos a hacer con eso que tenemos en nuestro sistema de creencias y pensamientos.

La fórmula es:

EVENTO + REACCIÓN = RESULTADOS

Los resultados estarán en función de la manera en que reaccionamos ante cada situación. Por ejemplo, me regalan 10 pesos (evento), los gasto (mi reacción), el resultado es «no tengo más dinero». En este caso no puedo echarle la culpa a nadie de que no tengo más dinero.

Si en cambio me regalan 10 pesos (evento) y los ahorro (reacción), el resultado es «¡tengo 10 pesos!».

Recupera el «control remoto» de tu mundo emocional. Nada ocurre si no actuamos.

Pregúntate:

- ¿Cómo puedo cambiarlo?
- ¿Qué puedo hacer yo?
- ¿Qué puedo aprender de esto?
- ¿Quién lo logró?
- ¿De qué otra manera podría ver esta circunstancia?

Si parto de la «culpa» pongo el énfasis en el pasado, me siento mal y no me hago responsable para crecer. Quedo en «soy causante de esto y punto».

Situarme en la responsabilidad es:
estar en el presente, y ver qué puedo hacer ahora.

Tengamos presente que:

- El culpable mira el pasado (lo que hizo mal). El responsable mira el futuro, lo que puede hacer.
- El culpable mira el problema. El responsable, la reparación.
- La culpa me paraliza. La responsabilidad activa recursos.

> Amurallar el propio sufrimiento es arriesgarte a que te devore desde el interior.
>
> Frida Kahlo

No busquemos el culpable, busquemos la causa. La queja no sirve, sino ver qué hacer a partir de ahora.

- **No poner las limitaciones en el otro.** Nunca la explicación de lo que nos sucede empieza por el otro. Claro que el otro puede condicionarme, pero no puede decidir por mí. No vale decir: «No, porque mi papá...»; «No, porque mi mujer». No es el «otro». Soy «yo». Nosotros somos el primer punto de responsabilidad. Somos nosotros quienes hacemos algo para que el resultado sea bueno o malo.

> Si no está en tus manos cambiar una situación que te produce dolor, siempre podrás escoger la actitud con la que afrontes ese sufrimiento.
>
> Viktor Frankl

Todos conocemos al doctor Viktor Frankl, que vivió en un campo de concentración nazi experiencias terribles. Él dijo:

«Los alemanes pueden quitarme la comida, controlar los horarios, etcétera, pero hay algo a lo que no tienen acceso: a mi mundo interior, a mi capacidad de reaccionar.» Así fue como se fijó varias metas que lo ayudaron a mantenerse con vida y luchar por su futuro.

- **El significado que le otorgue al evento marcará mi reacción ante él.** Por ejemplo, las 155 personas que se encontraban a bordo del avión que cayó sobre el río Hudson el 15 de enero de 2009 sobrevivieron al accidente. Algunos de esos pasajeros no volaron nunca más en su vida, otros sí volvieron a volar. Cada uno le dio un significado personal a esa terrible experiencia. Cada situación, evento, conversación, significa algo diferente para todos los involucrados.

- **No ser responsable por las decisiones de otros.** Esto significa que no debemos echarnos culpas. Muchas personas se sienten culpables y dicen cosas de este tipo: «Yo arruiné la vida de mi madre. Ella no pudo estudiar porque dedicó su vida a criarme a mí.» Necesitamos entender que no debemos hacernos cargo de lo que otras personas deciden, ¡esa es su responsabilidad, no la nuestra! Aunque nos «pasen factura» y afirmen: «Tú me aconsejaste que lo hiciera» o «Tú me causaste un disgusto», hemos de tener presente que cada uno elige cómo reaccionar. Este es un concepto fundamental para ser libres y liberar al otro de nuestro control.

- **Renunciar a todas las excusas.** El famoso científico George Carver asegura que el 99% de los fracasos provienen de personas que tienen el hábito de inventar excusas.* ¿Sabes cuál es la diferencia entre una persona que tiene éxito y otra que no lo tiene? Que la persona exitosa no pone excusas.

Hay varios tipos de excusas. Veamos algunas:

- *«Yo ya hice todo.»* Falso; nadie hace *todo*, ¡siempre quedan más cosas por hacer!
- *La culpa es de otro.* Detrás de cada fracaso hay una persona echando culpas. Tenemos que aprender a asumir la responsabilidad y decir: «Fui yo quien se equivocó»; «Fui yo quien desobedeció»; «Fui yo quien no trabajó»; «Fui yo quien dijo que sí».
- *La queja.* Es una variante del punto anterior. La persona que se queja lo hace porque no quiere correr el riesgo de tomar una decisión. Por eso vive quejándose de los demás: «Mi familia, mi esposa, mis hijos no me dejan avanzar.» Es una manera de tomar una posición «pasiva» porque si el problema «está fuera», la solución también «está fuera». El engaño de la queja es que esta no cambia nada.
- *La explicación.* «Pienso que no es el momento»; «No tengo todos los papeles»; «No pude terminar porque tuve que hacer tal cosa»; «No vine porque me quedaba lejos»; «Es que yo tengo muchos hijos»; «Espero que las cosas mejoren, y algún día estudiaré». Los «explicadores» son buenos analizando, pero malos para dar soluciones.
- *El llanto.* La persona que llora si le dicen algo que no le gusta, con su conducta cambia el eje de la discusión. Ya no se habla del problema, sino de su afectación emocional. A veces, el llanto se utiliza para evitar es-

* http://es.wikiquote.org/wiki/George_Washington_Carver

tar a la altura de la exigencia, en el trabajo o en los estudios. Sucede, por ejemplo, cuando un alumno le dice al maestro «No he estudiado» y llora.

– *La ofensa*. Cuando una persona no acepta que se la critique, adopta una actitud ofendida. Dice: «Me siento maltratada.» Nuevamente, cambia el eje de la discusión buscando así un trato especial. Aunque el maltrato fuera real y la molestia razonable, la respuesta responsable sería: «Sí, me equivoqué, pero me está tratando mal en términos personales.»

Debemos saber que cuando nos hacen un comentario crítico o nos marcan un error, si lo llevamos al plano emocional se verá afectada nuestra estima y no podremos corregir el error.

> El sufrimiento depende no tanto de lo que se padece cuanto de nuestra imaginación, que aumenta nuestros males.
>
> **Fénelon**

¿Cómo podemos desarrollar responsabilidad en nuestros hijos?

Hemos de tener bien clara la diferencia entre «cuidado y control». Ambas cosas se parecen en el «método», pero no en el objetivo.

En el cuidado, «estoy encima» pero el objetivo es lograr gradualmente la autonomía del otro. ¿Qué es la autonomía? Autonomía significa que «el poder está en mí, no en el otro», y se desarrolla a partir de la pérdida del miedo. No significa ser osado, sino correr riesgos inteligentes y actuar en consecuencia. Si actúo por miedo, condiciono mi conducta. Por ejemplo, no me inscribo en la universidad porque me da miedo. Tengo que poner el foco en mí mismo y en mi esfuerzo.

> El miedo generalmente se manifiesta de dos maneras: a través de la agresividad o a través de la sumisión.
>
> Paulo Coelho

Por ejemplo, los padres pensamos en nuestros hijos y los cuidamos: «les estamos encima» para que se bañen y les enseñamos cómo hacerlo, pero luego vamos saliendo de escena. Primero les enseñamos, luego les recordamos cada día que se bañen, y por último, cuando vemos que van adquiriendo responsabilidad, ya no les preguntamos si lo han hecho.

En el control «estoy encima», el objetivo es que el otro no sea autónomo, sino dependiente. El control consiste en «estar encima» y hacer por el otro lo que él debería hacer por sí mismo. Una persona controla para sentirse imprescindible, para que el controlado no sea autónomo e independiente.

Imaginemos que un niño muy pequeño quiere trepar al sofá. La mamá en este caso puede hacer tres cosas:

1. Gritarle: «¡No subas!»; «¡No, basta!». De esta manera, el niño crecerá con esa voz interna y cada vez que se proponga hacer algo desafiante, oirá: «¡No, quédate quieto!» Es decir que todo desafío le producirá ansiedad y una voz crítica de juicio a su vida.
2. Levantarlo y ponerlo en el sofá. Aquí el mensaje es: «No te esfuerces.» Ese niño, ya adulto, pedirá que «lo suban», que le den un aumento porque tiene muchos gastos, que lo sostengan porque no puede hacerlo solo.
3. Motivarlo para que suba. La mamá lo toma de la mano y acompaña su esfuerzo. Así el mensaje será: «¡Sí, anímate! Yo estoy aquí para sostenerte, pero usa tus pies y tu fuerza para hacerlo.»

El control no incentiva la responsabilidad. Lo que incentiva a una persona es el cuidado. El cuidado incluye enseñanza para que la persona sea responsable, le da herramientas para que se desenvuelva solo. El que cuida puede estar presente, pero le enseña al otro para que funcione cuando él no esté.

> Igual virtud es moderarse en el gozo que moderarse en el dolor.
>
> **Séneca**

¿Cómo hacer que nuestros hijos adolescentes actúen con responsabilidad?

Igual que con los niños pequeños, pero «aflojando» poco a poco. Es lo mismo que hace el pescador con el carrete de la caña de pescar: va soltando hilo, pero no del todo. Los padres tenemos que supervisar cómo va el crecimiento de nuestros hijos adolescentes para saber cómo administrar el tira y afloja. Siempre con el objetivo de que no dependan de nosotros, sino que adquieran responsabilidad por sus actos.

Así formaremos adultos responsables en sus relaciones laborales o de pareja. Más de una vez han venido a mí personas diciendo: «Mi pareja me domina, ¿qué puedo hacer?» Por supuesto, no adoptar una actitud pasiva, masoquista, permitiéndole el control. Donde hay control, no hay pareja, porque no hay pie de igualdad. Si uno se coloca por encima del otro —mediante la agresión— o por debajo del otro —sintiendo angustia—, la pareja no funciona. Los dos integrantes tienen que estar uno «al lado» del otro. Lo importante es saber qué los unió al principio, lo cual hace que cada uno

> El sufrir merece respeto, el someterse es despreciable.
>
> **Victor Hugo**

esté con el otro porque quiere estar. Cuando en una pareja se dice: «Estoy contigo porque quiero estar contigo», es una señal de responsabilidad.

El castigo, ¿hace al otro responsable?

¡No! Pensemos en la función del policía. Cuando está presente, me porto bien; cuando no está frente a mí, ¡puedo portarme mal! Eso suele ocurrir en los lugares de trabajo con respecto a los jefes, de ahí los dichos: «El ojo del amo engorda el ganado» y «Cuando el gato no está, los ratones se divierten». Por eso, mucha gente que comete delitos paga sus culpas, pero cuando sale de la cárcel no cambia su conducta: porque cumplir el castigo no significa adquirir responsabilidad.

3. REFUTA EL NO POR EL SÍ

> Toda la felicidad que la humanidad puede alcanzar está, no en el placer, sino en el descanso del dolor.
>
> John Dryden

Muchas personas pasan toda la vida pidiendo felicidad para los demás, deseos para las demás, viven pensando en los demás, pero nunca piensan en sí mismas. Pasan y viven su vida esperando que los demás disfruten, sin darle importancia a su propia vida.

Hay personas que no saben controlar la desilusión y no utilizan aquello a lo que permiten acceder a su pensamiento. No saben utilizar ni administrar el combustible, la energía de la que disponen para ir a por sus sueños cada día. Todos tenemos un combustible emocional y físico, y necesitamos elegir en qué lo vamos a gastar. Nadie puede decirte cuándo es el final del partido, solo tú decides y eliges cada día cómo vas a vivir.

Y a esa decisión, a esa elección que hagas cada mañana, tienes que ponerle fe en ti mismo, en tus capacidades, en tus habilidades. La razón te puede acompañar un tramo, pero a partir de allí la razón te deja, la fe entra en escena y no te dejará hasta que cumplas cada propósito y cada sueño que te hayas propuesto.

La felicidad es tu herencia y tu derecho por naturaleza. ¡No renuncies a ella!

13

EL EVITADOR

La timidez es una condición ajena
al corazón, una categoría, una condición que desemboca en la soledad.

PABLO NERUDA

1. HACERLO O NO HACERLO... ¡ESA ES LA CUESTIÓN!

«¿Lo hago o no lo hago?»

«¿Voy o no voy?»

«¿Le hablo o no le hablo?»

«¿Tú qué harías en mi lugar?»

«No sé qué hacer...»

«¡Mejor lo dejo para más adelante!»

¿Alguna vez has dicho o escuchado alguna de estas fra-

> Esperar duele. Olvidar duele. Pero el peor de los sufrimientos es no saber qué decisión tomar.
>
> Paulo Coelho

ses? Son los dichos o pensamientos típicos de un evitador, las frases que enuncia una persona que tiene dudas, alguien que por considerarse inadecuado e inferior a los demás vive su vida con la característica constante de la *evitación tóxica*.

¿Cómo es una persona evitadora?

- **Es indecisa.** Evita tomar decisiones y correr riesgos. Generalmente no decide nada y pospone cualquier asunto o situación que deba resolver hasta que ya no puede seguir haciéndolo. Suele ser más lenta que los demás y tiene serias dificultades para tomar incluso las decisiones más sencillas de la vida cotidiana, si no cuenta con más de un consejo y la reafirmación de quienes la rodean. En lo profundo de su ser, el evitador quiere alejar de su vida la ansiedad que lo lleva a la vergüenza, la timidez, la desconfianza y finalmente el aislamiento. Es incapaz de darse cuenta del daño que se hace a sí mismo y a los demás con esta forma de comportarse.
- **Es dubitativa.** La duda es un estado de equilibrio del ánimo entre dos decisiones. El intelecto fluctúa entre una y otra, sin inclinarse más a un extremo que al otro. Hay dos tipos de dudas:
  a. La *duda reflexiva,* que nos lleva a *pensar* para poder decidir la mejor opción. Es el nutriente para la acción.
  b. La *duda evitativa,* que nos lleva a *evitar decidir.* Generalmente se da con las pequeñas cosas cotidianas, es la manera de dejar para más adelante la toma de decisiones.

  Toda duda que no lleva a la *acción* es una duda evitativa; hace que evitemos soñar, crecer, proyectarnos y decidir. Nos lleva a boicotearnos a nosotros mismos.

El evitador tiene «creencias automáticas», pensamientos o fantasías arraigados en su mente que tal vez ¡ni siquiera sabe que están allí! Veamos algunos ejemplos:

- «Soy socialmente inepto e inadecuado.»
- «Soy un perdedor.»
- «Soy aburrido, nadie quiere estar conmigo.»
- «Si me conocen de verdad, todos me rechazarán.»
- «Pensarán que soy débil.»
- «Seguro que ahora que le conté esto, pensará que no sirvo para nada.»
- «Un día me levantaré y todo estará bien.»
- «Si no hago caso del problema, desaparecerá.»
- «Voy a fallar... ¡mejor no lo hago!»
- «Me siento defectuoso.»

¿Qué cosas suelen evitar las personas con este rasgo de personalidad tóxica?

Evitan los conflictos
Tanto en un grupo del que participan (de estudio, de trabajo, etc.) como en una relación personal, evitan por todos los medios el conflicto por la tensión que les genera. ¿Por qué lo hacen? Porque tienen dificultades para expresar a los demás su desacuerdo debido al temor a perder el apoyo o la aprobación del otro que tanto necesitan. Sin embargo, y por este mismo motivo, resultan buenos concilia-

> La mejor victoria es aquella en la que ganan todos.
>
> Salomón

dores en un conflicto entre varios y saben usar las estrategias de conciliación.

Cuando terminan una relación importante, ya sea de pareja o de amistad, buscan urgentemente otra relación que les proporcione el cuidado y el apoyo que necesitan. Se sienten muy incómodos o desamparados cuando se encuentran solos, debido a su temor exagerado a no poder cuidar de sí mismos.

Evitan la exposición

Su timidez los lleva a tener un perfil muy bajo. Son calculadores y medidos en sus acciones y evitan ser figuras, aunque permiten tener protagonismo a los demás. No desean el primer lugar y no tienen problema en colaborar para que otros brillen. En una clase con varios alumnos, suelen sentarse en el fondo o en un rincón del salón; rara vez hablan y si lo hacen dicen muy pocas palabras. La razón es que no quieren quedar expuestos en público a las opiniones de la gente. Son muy reservados y prefieren trabajar solos o en grupos pequeños.

Una de las principales características de los evitadores tóxicos es la *inhibición social* que deriva de su inseguridad interna, del temor a no agradar al otro, del hecho de considerarse poco atractivos o inferiores a los demás. Ante el rechazo de alguien no responden con disgusto, sino que se inhiben y se aíslan. Su vida es rutinaria y nunca se aventuran a conocer gente fuera de su círculo y vivir nuevas experiencias.

Evitan ciertas emociones

No pueden tolerar los sentimientos negativos. Además de ejercer la evitación a nivel social, lo hacen a nivel emocional y cognitivo. De esta manera, cuando tienen un pensamiento o sentimiento que los hace sentir mal, cambian de tema o se ponen a hacer otra cosa que los distraiga. Evaden las emociones incómodas. Por eso, suelen ser prudentes y meditan mucho las cosas antes de pasar a la acción.

Evitan la intimidad

A causa de su baja autoestima, se sienten vacíos y solos. Como consecuencia tienen poca relación con los demás, ya que tratan de evitar la intimidad, emocional o física, a toda costa. Rara vez generan lazos afectivos y son personas de pocos amigos y escasa intimidad. Son reservados, cautelosos y desconfiados. Cuando conocen a alguien, tratan de agradar a esa persona, aunque sin llegar a ser seductores como los psicópatas. Son amigos leales y siempre ponen el foco en la familia.

> Los hechos no dejan de existir porque se les dé la espalda.
>
> **Aldous Huxley**

2. LAS RAZONES DETRÁS DE LA EVITACIÓN

¿Cuáles son los motivos por los que las personas con este rasgo de personalidad tóxica evitan los conflictos, las emociones, la exposición, la intimidad?

Hay diversas causas, pero la principal y más importante es el *miedo al rechazo*. Seguramente el hombre o la mujer evitativos fueron en su infancia víctimas de crítica, desaprobación, humillación y vergüenza por parte de quienes estaban en un lugar de autoridad en sus vidas. Esto generó en ellos una marcada hipersensibilidad y un temor muy profundo y arraigado (en la mayoría de los casos inconsciente) a ser rechazados, a que los demás no los acepten tal cual son.

En realidad, aunque no lo expresen, les duele mucho el rechazo y les parece insoportable.

Lo cierto es que alguien con temor al rechazo, en el fondo desea tener relaciones afectivas, anhela ser amado/a como cualquier persona, a pesar de que le resulte difícil y haga todo lo posible por evitarlas. En general, se queda con «lo conocido» (aunque sea escaso). Además, vive permanentemente en guardia y vigila las acciones y reacciones de los demás, ya que desconfía de todo el mundo. Algunos buscan el poder para que les brinde la seguridad de la que carecen.

> La gente puede decidir racionalmente que las relaciones prolongadas ocupan demasiado tiempo y esfuerzo y que preferiría hacer otro tipo de cosas. Pero la mayoría de la gente tiene miedo al rechazo.
>
> Albert Ellis

3. ¿QUÉ HACER FRENTE A UN EVITADOR?

Si en tu vida diaria interactúas o convives con un evitador tóxico, debes saber que, a pesar de todos sus rasgos negativos, esa persona es capaz de lograr buenos resultados, sobre todo en un grupo. Así pues, es recomendable explotar y hacer buen uso de sus puntos fuertes. Estos son algunos de ellos:

- Permite la creatividad de aquellos que lo rodean, es como el entrenador de un equipo deportivo.
- Es capaz de ver tanto el árbol como el bosque.
- Le gusta trabajar en equipo. Por el contrario, le desagrada la gente que juega sola.
- Llega más lento que el resto, pero cuando lo hace está

seguro, ya que ensaya todos los escenarios posibles (A, B y C) antes de salir a la palestra.

- Tiene capacidad de reflexión.
- Prepara la logística (pero mandará a otros a realizar el trabajo y ganar). No le gustan las improvisaciones.
- Es un buen estratega.
- Es cognitivo, es decir, está más enfocado al conocimiento.

El evitador, si bien huye de los conflictos, en general se lleva mal con los narcisistas, dado que estos son «tigres entre leones» y no juegan en equipo. También se lleva mal con los psicópatas, que son «tigres disfrazados de leones». Para el evitador el conflicto no admite matices, es «matar o morir» y, aunque suele negar su agresividad, cuando se encarniza con alguien lo perseguirá hasta destruirlo.

> Ningún hombre puede sentirse cómodo sin tener su propia aprobación.
>
> Mark Twain

Un error frecuente de la persona evitativa es apartarse del lugar de líder o jefe y dejar ese espacio a otros, para alejarse del protagonismo que, como ya dijimos, no le interesa, de la exposición pública y, sobre todo, de la crítica. Este tipo de personas deben sanar en su ser interior el temor al rechazo que está fuertemente arraigado en ellas. Necesitan trabajar en su autoestima, saber (y experimentar) que, como toda persona, son seres humanos plenamente aceptados y amados por un Creador maravilloso que los pensó, aun antes de que el mundo apareciera, y los creó con un diseño único y exclusivo. De esa manera lograrán transformar la evitación y comenzar a decidir, a tomar decisiones que los llevarán al cambio. El hecho es comenzar a comprender por qué nos cuesta tomar decisiones para salir así de ese lugar y pasar al de la acción y el cambio.

4. ¿POR QUÉ NOS CUESTA TOMAR DECISIONES?

Analicemos esta metáfora:

La madre lleva a su hijito al quiosco. Frente a la gran variedad de golosinas que se ofrecen, el niño lo quiere todo. Entonces, la madre le dice:

—¡Rápido, elige que se hace tarde!

Ella no se da cuenta de que el niño no puede decidirse porque ¡lo quiere todo! Sin embargo, ante la presión de la madre, elige una chocolatina. Ambos se alejan del quiosco. El niño empieza a comer su chocolatina, pero se le caen las lágrimas y le duele la barriga.

—¿Qué te pasa? —pregunta entonces la madre.

—No lo sé, no lo sé... —responde el niño.

Lo que ocurre es que en su interior sigue mirando todo lo que perdió. Está llorando por lo que dejó.

Hay personas que tardan en tomar decisiones o siempre deciden mal. ¿Por qué? Porque en el momento de decidir debemos poner el foco en lo que ganamos o en lo que perdemos, porque siempre que decidimos, necesariamente ganamos algo o perdemos algo. Si cuando tomo una decisión me concentro en lo que pierdo, el que pierde soy yo. Del mismo modo, si mi atención está puesta en lo que gano, el que gana soy yo.

Si en el ejemplo anterior el niño puede poner el foco en lo que gana, disfruta de su chocolatina. Si, en cambio, sigue pensando en lo que perdió, no disfruta de su chocolatina.

Si come la chocolatina y no le gusta, sabe que mañana será otro día y que podrá volver a elegir.

Algo semejante les sucede a las personas que forman pareja y no la pueden disfrutar porque «lloran la pareja que perdieron».

Vivir es elegir. No hay forma de transitar la vida sin tener que elegir entre varias opciones. Y toda elección lleva implícita una pérdida. Por ejemplo, cuando en el restaurante eliges un plato, sabes que te estás perdiendo todos los demás, pero no lo vives como una pérdida porque elegiste lo que te gustaba. La ganancia de tu elección es mayor que la pérdida, pero si no eliges, pierdes.

¿Y si no queremos perder nada?

En ese caso tenemos que medir dónde vamos a poner el foco, porque el que todo lo quiere nada tiene. Cuando decido qué es prescindible —es decir, a qué decir «no»— y qué es imprescindible, o sea, a qué decir «sí», puedo negociar, puedo elegir qué pierdo y qué gano. Veamos esta idea a través de dos situaciones:

Imaginemos que a las siete de la tarde juega Boca Juniors, «el equipo de mis amores». Habitualmente salgo a las seis y media del trabajo. Por la mañana, cuando llego a la oficina, ya estoy tenso porque sé que tardo una hora en volver a casa. Cuando son las seis y media, salgo corriendo, piso el acelerador del coche, a riesgo de que ocurra un accidente. Finalmente llego a casa. Entro de mal humor y sin saludar a nadie. Ya he llegado tarde, así que miro el partido, pero no lo disfruto. Incluso la cena me sienta mal. Estoy pensando en lo que perdí.

Ahora imaginemos que elijo sabiendo que algo tengo que perder. Decido hablar con mi jefe y le digo: «En vez de tomarme mi hora de almuerzo, hoy voy a trabajar, así puedo salir una hora antes.» Entonces puedo ir a trabajar, puedo salir temprano, puedo conducir tranquilo, puedo llegar a casa a tiempo y de buen humor y puedo disfrutar del partido y la cena, porque he elegido qué perder y he elegido primero qué ganar.

Cuando aprendemos a elegir sabemos que algo vamos a perder, pero ponemos la atención en lo que vamos a ganar. ¡Esta es la fórmula para tomar siempre buenas decisiones!

5. CÓMO TOMAR DECISIONES

Todos tomamos cientos de decisiones al día. Decidimos desde pequeñas cosas —a qué hora nos levantamos, qué desayunamos, qué ropa nos ponemos— hasta asuntos mucho más trascendentales. La vida misma consiste en tomar decisiones. Si *hoy* estás en el lugar donde estás es porque *ayer* tomaste determinadas decisiones, y *mañana* estarás justamente en el lugar al que te lleven las decisiones que tomaste *hoy*.

> Solía ser indeciso, ahora no estoy seguro.
>
> Woody Allen

Cada decisión es una semilla que se cosechará. En otras palabras, cada decisión tiene consecuencias. Así, una mala decisión puede traer consecuencias nefastas a tu vida, mientras que una decisión sabia puede traer enormes bendiciones.

Algunos errores que nos llevan a tomar malas decisiones:

- Decidir rápidamente cuando estamos en crisis.
- Decidir sin tener suficientes elementos, sin hacer un «análisis de mercado».
- Decidir sin considerar otras opciones.
- Decidir mientras estamos enfadados.
- Decidir sin buscar consejo.
- Decidir impulsivamente, por entusiasmo.

En lugar de evitar el error y no decidir, reconozcamos el error y sigamos adelante. Todos tomamos malas decisiones, lo importante es poder reconocerlo y continuar. Un error no puede someterte a vivir en el pasado. No trates de recuperar el pasado en lugar de mirar hacia delante. Y cuando se trata de decisiones importantes como una mudanza o un cambio de trabajo es muy importante buscar mentores, gente de experiencia que pueda darte su visión. El rey Salomón, el hombre más sabio del mundo, escribió en su libro de Proverbios: «En la multitud de consejeros está la sabiduría.»

En segundo lugar, es fundamental que hagas deducciones en equipo, que hagas participar a tu familia, a tu pareja, ya que todos los involucrados deben tomar parte en las decisiones trascendentales.

Después de considerar quién gana y qué decides perder, pon una fecha tope. Cuando llegue esa fecha, decide con los elementos que analizaste. Podemos decidir mirando hacia atrás y viendo qué logramos y qué no, o mirando hacia delante y viendo lo que queremos lograr. Decidimos mirando hacia atrás cuando tenemos asignaturas pendientes, cosas que no logramos en el pasado, y estamos dispuestos a tomar decisiones para cerrar esas etapas. Cuando decidimos en base a lo que queremos lograr, las decisiones son mejores en cantidad y calidad.

Si lo que quiero lograr es algo que aún no logré
y sí quiero lograr en mi mañana porque está
en mi agenda, la decisión será buena.

Leí acerca de un piloto que iba en su avión junto a un joven aprendiz. Cuando estaba a punto de aterrizar, una fuerte ráfaga de viento hizo que el avión perdiera estabilidad. Rápidamente el piloto decidió tomar altura y así sorteó la dificultad. Una vez que todo estuvo en calma, el aprendiz le preguntó:

—¿En qué momento optaste por tomar esa decisión?

El hombre respondió:

—Tomé esa decisión hace quince años, cuando estudiaba en la escuela de pilotos.

Cada vez que tomemos buenas decisiones, seremos capaces de mantenerlas en el tiempo. Recuerda que:

Tomar buenas decisiones es lo que nos va a permitir ir desde donde estamos hacia donde queremos estar.

14

EL PARANOICO

> ¿Qué soledad es más solitaria que
> la desconfianza?
>
> GEORGE ELLIOT

1. ¡ALGO VA A PASAR!

La paranoia, por decirlo de manera cotidiana, es una «manera de funcionar», una forma de vivir. Y, generalmente, sin importar el lugar donde se encuentre la persona que la padece, en todas partes se desenvolverá y responderá de la misma manera. El paranoico tiene tres creencias principales:

a. **No se puede confiar en los demás.**
«Si saben cosas sobre mí las usarán en mi contra.»
«Las personas dicen una cosa, pero en realidad quieren decir otra.»

b. Las personas atacan por motivos ocultos.
«Si tienen la oportunidad, me atacarán.»
c. Hay que estar siempre en guardia.
«Si me mantengo alerta tal vez pueda atacar antes.»

¿Cómo saber si la desconfianza se transforma en paranoia?

Con respecto al grado de confianza de una persona, podemos reconocer tres estados:

CREDULIDAD → NORMALIDAD → DESCONFIANZA CRÓNICA

Ser tan crédulo como para ignorar que en el mundo lamentablemente hay actos malintencionados, puede no resultar beneficioso en nuestra vida. Ser desconfiado es útil y funcional cuando el contexto así lo requiere. Por ejemplo, voy caminando a las dos de la madrugada por una calle oscura y dos personas me siguen. Mi estado de alerta aumenta. Esto es normal, el contexto aumenta la señal.

En cambio, si una persona desconfía porque cree ver intencionalidad en una acción, esa desconfianza indica paranoia. Por ejemplo, en un bar el camarero no me trae lo que le he pedido. Si pienso «¡qué irresponsable!», es una cosa. Si pienso «lo hizo a propósito», es otra muy diferente. Está fallando *la interpretación* del hecho.

2 . «ME QUIEREN PERJUDICAR»

—Mamá, ¿cuál es la definición exacta de «paranoico»?

—Ah, ¡claro! ¿Te crees tan listo que intentas avergonzarme? ¿Acaso piensas que no sé la definición? Me quieres poner a prueba, ¿verdad? ¿O es que planeaste con tus hermanos una broma para burlarte de mí? ¡Vamos, no me tomes por estúpida que ya te he descubierto!

> Piense usted que siempre es más noble engañarse alguna vez que desconfiar siempre.
>
> Jacinto Benavente

¿Qué pensamientos caracterizan a un paranoico?

- **Le atribuye intenciones malignas al comportamiento del otro.** «Lo hiciste con maldad», asegura. El paranoico está completamente seguro de que la traición o el ataque surgirán en cualquier momento.
- **Ve al otro como un «caballo de Troya»,** que esconde algo para lastimar.
- **Es un coleccionador, un buscador de pistas.**
- **Levanta muros para que los demás se queden fuera.** Su lema es: «Hay que prevenir el ataque.»
- **Vive en un estado de alerta permanente, de hipervigilancia ante todos y todo.** Lo escudriña todo. A diferencia del narcisista que es vulnerable al elogio, a él un halago le genera sospecha.
- **Tiene una gran memoria.** Recuerda fechas, datos, palabras, etcétera, porque teme que lo engañen. «El 8 de marzo de 1972 por la tarde me dijiste que...» Registra cada cosa, porque todo es motivo de sospecha.
- **Actúa con cautela, es agudo, observador.** Observa cualquier signo de engaño posible, porque considera que todo lo malo viene de fuera, de los otros, ya que ve dentro de sí solo lo bueno. Sin embargo, es justa-

> Confiar en todos es insensato; pero no confiar en nadie es torpeza.
>
> Juvenal

mente lo malo que no ve cuando mira dentro de sí mismo lo que proyecta en los demás. Proyecta la culpa, la vergüenza, la baja estima, la envidia, el fracaso, la vulnerabilidad, etc.

- **Lee entre líneas.** Siempre hay algo oculto que debe descalificar, por eso busca datos que confirmen una y otra vez su tesis: «Me quieren perjudicar.»
- **No puede relajarse ni disfrutar de la vida.** Esto se ve con claridad en las redes sociales de algunos personajes que hablan del fin del mundo, persecuciones, el anticristo, chips y conspiraciones.
- **Es desconfiado.** Vive perseguido y todo es motivo de sospecha: «Me van a estafar»; «Me quieren hipnotizar»; «Hay gato encerrado». Desconfía hasta de su propia sombra. Hace interpretaciones persecutorias del mundo, extremadamente simplistas.
- **No tiene intimidad con nadie.** Ni siquiera con sus hijos o su pareja. Evita la intimidad porque lo hace sentir más vulnerable. Cree que «todo lo que digas lo usarán luego en tu contra». Por eso pone distancia física y emocional entre él y los demás.
- **Todo es visto en términos de blanco o negro, de extremos.** Para un paranoico solo puede haber sí o no, todo o nada, bueno o malo.
- **Ataca rápidamente y con agresividad cuando se ve amenazado.** Por eso registra y no perdona, guarda rencores por mucho tiempo y es vengativo.
- **Tiene doble cara.** En casa es malhumorado, pero en grupos sociales es divertido. Explota por cualquier cosa, a veces sin grandes motivos, o siempre está irascible o enojado. Es poco romántico y a veces chismoso. Nadie conoce mucho de su vida privada, pero él sí quiere conocer la de los demás.

- **Quiere ser autónomo, independiente.** No le gusta «pedir» nada a nadie.
- **Tiene ideas de grandiosidad u omnipotencia (es megalómano).** Siente que su análisis detallado de todo y de todos es el mejor. Esto lo lleva a creer que tiene un pensamiento superior al de los demás, a los que mira con desprecio. Por eso en su vestir es detallista y pulcro. Tiene una postura firme y una mirada penetrante. Transmite respeto y firmeza. Mira sintiéndose superior y espera que lo traten con protocolo.
- **Respeta el orden jerárquico.** Honra al que está en un nivel superior porque es valioso y desprecia al que está en un nivel inferior porque considera que no sirve.
- **No tiene sentido del humor.** Es frío y calculador.
- **Proyecta en otros sus propios conflictos agresivos.** Y, por tanto, se siente perseguido (ve en el otro lo que él mismo proyecta).
- **Es trabajador y exitoso cuando trabaja solo.** Porque no le gusta depender de nadie.
- **Tiene una certeza constante.** Por ejemplo, suele asegurar: «Me engañan.»
- **Interpreta las acciones del otro como humillantes.** Por ejemplo, si ve reír a sus compañeros de trabajo, piensa: «Se ríen de mí, traman algo en mi contra.»

3. LA PARANOIA EN EL LIDERAZGO

En la paranoia de un líder el núcleo es el temor a ser perjudicado que aparece como: «Hay una amenaza.»

En general es inconsciente. Este es un rasgo de personalidad que lo lleva a pensar que lo van a perjudicar. Si este tipo de persona no encuentra el lápiz en su escritorio, dice:

«Alguien lo robó para perjudicarme.» Trabajar y compartir un equipo con una persona con estas características nos «complica un poco» la vida. Analicemos las características que tienen estas personas:

- **Tienen una sensación de amenaza inconsciente: siempre están a la espera de que algo malo les suceda.** Por ejemplo, en lugar de valorar a un colaborador siempre dispuesto a hacer aportaciones, piensa: «Quiere mi puesto.»
- **Siempre está a la defensiva.** Siente desconfianza incluso hacia personas conocidas. Amigos, compañeros de trabajo, colaboradores cercanos... todos son potenciales enemigos.
- **Es individualista.** No puede formar un equipo porque las interacciones potencian su sensación de amenaza.
- **Todos deben depender de él.** «Pregúntame a mí para ver qué me parece», es la orden antes de tomar cualquier decisión. Nadie puede hacer nada sin pedirle permiso, sin que él dé su visto bueno.
- **No permite que su equipo se aglutine.** Por ejemplo, para el líder desconfiado una propuesta como «Vamos a comer pizza» es un paso previo al «golpe de Estado». Cuanto mayor sea la interacción, mayor será su sensación de conspiración. Si dos colaboradores tienen una relación estrecha, imaginará que «Pedro y Juan se están confabulando en mi contra».
- **No delega en otros.** Quiere poseer toda la información, que todo pase por él. En su equipo no hay autonomía. Constantemente interroga: «¿Dónde has ido?»; «¿Qué has hecho?».
- **Genera tensión en el grupo.** Al tener información de

todos, le lleva a A la información de B y permite que B «ataque» a A. Luego hace intervenir a C para que «ataque» a B. De esta manera disminuye la sensación de autonomía. A diferencia del psicópata, que lo hace para manipular, el paranoico lo hace para disminuir su sensación de amenaza flotante. El psicópata disfruta la adrenalina, este la padece.

Como consecuencia de su estilo de liderazgo, el equipo del líder paranoico se estanca o incluso se disuelve, porque el malestar grupal crece y algunos descubren que tiene que ver con el líder. De esta manera, el paranoico logra que su propia profecía («algo malo me va a pasar») se cumpla.

4. CONFIANZA INTELIGENTE

Todos tenemos una dosis de confianza y desconfianza. Esta dosis se manifiesta a través de la empatía o antipatía. Si tienes que liderar un grupo grande de gente, lo más aconsejable es hacerlo a través de la enseñanza de sueños y metas. En cambio, si el grupo a tu cargo es pequeño, utiliza la empatía. ¿En qué consiste? En sentir lo mismo que el otro, en ponerte en la piel del otro. La empatía crea un vínculo fuerte con los demás porque la otra persona siente que es comprendida y apoyada. Una característica humana es la interacción con el otro. Y como somos seres gregarios (que vivimos en grupo), tendemos a ser naturalmente empáticos. Para un bebé, con el que casi todos se enternecen, sonreír es un acto reflejo. Todos venimos con esa capacidad desde la cuna, pero tenemos que desarrollarla a lo largo de nuestra vida.

Si no tienes la capacidad y la predisposición de mirar y escuchar al otro, no podrás tener empatía. Ser empático es ver el punto de vista de la otra persona. «Yo entiendo a otros y otros me entienden a mí.» La falta de empatía, por el contrario, produce el aumento de la maldad, de la individualidad y no nos permite ser solidarios.

Somos espejos de los demás, todo lo que hagamos por nuestro prójimo en algún momento alguien más lo hará por nosotros. Confiemos en el otro pero de una manera inteligente.

El dolor más grande se produce cuando se rompe la confianza en una relación. A veces, lo que tardó años en construirse se derrumba en unos minutos. Te preguntarás: «¿Cómo saber en quién confiar? ¿Cómo lograr que confíen en mí?»

Aplica la confianza inteligente, es decir, «confía pero verifica». Es necesario ser cauteloso, vigilante y reservado. Aprende a administrar tus emociones y a saber cuándo decir «sí» y cuándo decir «no». Y si un paranoico anda cerca, sé claro, pon límites y sé coherente con tus acciones y tus palabras.

15

EL QUE ASFIXIA

Mi madre me adoró hasta la muerte y yo pienso hacer lo mismo con
esta niña.

TRACY HOGG

1. SIN EL OTRO NO EXISTO

«Sin tu amor no viviré»; «Eres más importante que el
aire que respiro». Seguramente has escuchado estas frases y
otras frente a las cuales habrás dicho: ¿y ahora cómo sigo?
Frases que pueden sonar o parecer muy bonitas, pero que
son como un gran lazo que asfixia. Sentirnos así implica haber perdido antes de ir a la batalla misma.

Es lo que sucede cuando alguien se *siente incapaz y no
puede ver sus capacidades*. Así es como se vuelve dependiente
emocional de los demás. La persona dependiente o codependiente de la gente (en general esto se da más en las mujeres

que en los hombres) es dócil, dulce, cariñosa, amable, educada, muy buena y servicial. ¿Por qué? Porque en el fondo de su ser se siente indefensa. Entonces, busca fuera lo que cree que no tiene en su interior. A menudo se relaciona con el otro diciendo: «¿Qué harías en mi lugar?» o «Dime qué hacer».

¿Qué le pasa a una persona dependiente emocional?

Todos nacemos dependientes de los otros. Un niño depende de sus padres en los primeros años de su vida para comer, para asearse, para decidir. Es más, en estos tiempos la etapa de la dependencia se prolonga hasta los 18, 19 años o más. A esa edad los jóvenes justo empiezan a desplegar alas para volar hacia otro rumbo. Y no está mal. Está bien ser dependiente en la primera etapa de la vida, pero es muy negativo serlo en la segunda, cuando las elecciones y decisiones sobre nuestro futuro dependen solo de nosotros, de aquello que queremos para nuestra vida.

> Hasta los más insignificantes ritos del diario vivir son importantes para el alma.
>
> Tomás Moro

La dependencia de los otros tiene un precio muy alto. ¿Por qué? Porque cuando te vuelves dependiente del otro, entre todos aquellos de quienes dependas, encontrarás personas buenas pero también grandes manipuladores, psicópatas y maltratadores.

2. EL PRECIO DE LA DEPENDENCIA

La persona codependiente busca la seguridad, el aval del otro en las decisiones que toma, pero lamentablemente se convierte en idólatra de aquellos a quienes idealiza. Y al hacerlo, está al borde de ser estafado. En una oportunidad una mujer, dueña de una fábrica muy conocida, comenzó a salir con un hombre que le repetía constantemente: «Tú no sirves, no vales, la empresa tiene que estar a mi nombre.» La maltrató, la descalificó hasta tal punto que esa persona no se sintió con autoridad para seguir adelante con su fábrica y, sumisa, obedeció todos los mandatos que recibía. ¿Qué le pasó a esta mujer? No valoró sus capacidades y permitió que el exterior, el otro, la manipulara y le quitara absolutamente todo. Este tipo de personas dependientes resisten el sufrimiento que les causa el otro «porque es mejor soportar el maltrato que el dolor y la angustia de estar solos».

Estos son algunos de los riesgos que corremos al ser manipulados, y que miles de personas viven a diario. No solo podemos ser dependientes de una pareja, sino también de la familia, de los hijos, de un jefe y de todo aquello que nos impida elegir y decidir de acuerdo a las metas y a los sueños que cada uno de nosotros tiene para sí mismo.

Solo cuando reconozcamos nuestras capacidades y el potencial que fue puesto en nuestro interior desde el momento en que fuimos pensados por nuestro Creador, cuando sepamos quiénes somos y lo que tenemos, seremos capaces de relacionarnos mejor con los demás y no permitiremos que los psicópatas y los manipuladores se entrometan en nuestra vida y nos destruyan.

> Sé tu propio palacio o el mundo será tu prisión.
>
> John Donne

3. CUIDADO *VERSUS* CONTROL

¿Cómo saber si la persona que está a mi lado, que dice que todo lo hace por mí, para cuidarme, para protegerme, no terminará asfixiándome? Veamos:

¿Cuál es la diferencia entre cuidar y controlar?

Cuidar no es lo mismo que controlar. Una madre cuida a su hijo, lo controla. Pero lo hace con el objetivo de que la persona que es cuidada sea en el futuro autónoma e independiente. El que solo controla, el que te persigue y termina asfixiándote, lo hace para que no seas independiente. La diferencia es *el objetivo.* Por ejemplo, una madre le dice a su hijo: «Tienes que cepillarte los dientes.» Le enseña a hacerlo y lo controla: «A ver... así no, se hace así.» Al día siguiente vuelve a controlar que lo haga bien porque lo está cuidando, le está enseñando. Hasta que la madre sale de escena y simplemente dice: «Ve a cepillarte los dientes», y el niño lo hace sin necesidad de control. El objetivo de la madre era que su hijo aprendiera a hacerlo solo, a ser independiente. Y llega el momento en que ella ya no necesita decir nada, el niño ha crecido, sabe qué hacer y cómo porque ya ha incorporado la enseñanza.

El objetivo del que enseña es controlar para salir de escena en algún momento. Mientras el que aprende va creciendo, el que enseña «se asoma» a controlar de vez en cuando, hasta que el que aprende lo hace solo. El control implica cuidar y enseñar.

El que solo te controla y no te enseña está siempre presente. No sale de escena, porque el objetivo del controlador es *no permitirte ser independiente.* El controlador no quiere que te valgas por ti mismo porque teme que lo abandones. Es bueno dejarse cuidar y, para dejarte cuidar, tienes que permitir que te controlen. Pero el que te cuida debe tener claro que el objetivo es que tú seas libre. Y no solo el que cuida debe tener el objetivo claro, también el que es cuidado necesitará actuar para ser libre de la dependencia.

4. ACTITUDES FRENTE AL QUE ASFIXIA

¿Qué actitudes hemos de tener en cuenta frente a alguien que quiere asfixiarnos?

La imagen que tengas de ti mismo determinará tu conducta

La forma en que actúes en los diferentes ámbitos en los que te muevas dependerá de la imagen que tengas de ti mismo. Si te ves como una persona confiada, segura, tranquila y capaz, atraerás a las mejores personas a tu lado. Si la observación que haces de ti mismo es todo lo contrario, las personas más tóxicas estarán próximas a ti. Recuerda que «lo semejante atrae a lo semejante».

Frente a la desvalorización, a la descalificación, te ofrezco tres palabras muy importantes a tener en cuenta: «No me importa.» Que tu bandera sea el «no me importa», la bandera del ganador.

- «Estás más gorda.»
  «No me importa.»
- «Estás mal vestida.»
  «No me importa.»
- «No sirves para nada.»
  «No me importa.»

Si los demás están hablando de ti, ¡que no te importe! Si levantas la bandera del «no me importa» es porque sabes quién eres y cuál es el proyecto de vida que estás diseñando.

No le factures tus errores a terceros

Cuando erramos al blanco, solemos decir: «Fue por el cable, fue por mi abuela, etcétera, etcétera.» Tratamos de buscar un tercero en quien volcar nuestras frustraciones. No comprendemos que al hacerlo dejamos de crecer. Tampoco factures tus aciertos a terceros. Cuando algo te haya salido bien, no digas: «Tuve suerte.» ¡No! Te fue bien porque estás valorando tus capacidades y considerando que lo que haces es importante y vale mucho. Por eso, esfuérzate y diviértete en el camino. Dicen que cuando una persona hace algo con la conciencia de que es importante y además se divierte, ese estado de ánimo puede llegar a contagiarse durante un año entero. Hay gente que se divierte pero no toma en serio lo que hace y hay gente que lo toma en serio pero no se divierte.

- Quien se divierte pero no toma en serio, como algo importante, lo que hace, es la persona a la que terminan echando.
- Quien lo toma en serio y no se divierte es la persona a la que le explota el corazón en medio del trabajo.
- En cambio, el que lo toma en serio y se divierte es libre de la dependencia emocional y tiene resultados extraordinarios.

> El único deber es el deber de divertirse muchísimo.
>
> Oscar Wilde

Desde el comienzo, ¡hacer todo bien!

Lo que hacen tus manos determina el resultado que obtendrás. Cada semilla, cada acción correcta que hagas traerá una consecuencia positiva para tu vida. Nada de lo que hacemos es en vano. Si de tu mano sale responsabilidad, com-

promiso, eficacia, estás prepa-
rado para lo mejor. Se descubrió
en Estados Unidos que las empresas gastan el 40% de sus in-
gresos en contratar personal que
haga bien lo que alguien hizo

> **Las gotas de lluvia horadan la piedra no por la violencia, sino por la caída constante.**
>
> **Lucrecio**

mal. Es decir, si sabes hacer las cosas bien desde el principio,
la empresa te valorará y te cuidará porque le estás ahorran-
do el 40% de gastos en personal.

Una persona libre de la dependencia nivela su vida siempre por arriba. Sé exigente con tus habilidades. Necesitas
desarrollar una mentalidad de «tengo que hacerlo mejor».
En una oportunidad, le preguntaron a Evander Holyfield
cómo hizo para llegar a ser el campeón de los pesos pesa-
dos, a lo que él respondió: «Fácil. Cuando los demás entre-
naban cinco horas, yo entrenaba seis; cuando el contrincan-
te entrenaba nueve horas, yo entrenaba diez; cuando me
daban diez golpes, yo daba quince.»

En una ocasión, un maestro entró en la sala y le dijo
a sus alumnos:

—Todos han sido aprobados, la calificación es un 4,
el aprobado mínimo. Si alguien quiere una nota más
alta, en el pupitre está la hoja del examen y puede hacerlo.

El 95% de los alumnos se fueron. Solo 5 o 6 se que-
daron a hacer el examen. El maestro dijo entonces:

—Muy bien. Los que se han quedado porque quieren una nota más alta, comiencen a escribir en el otro
lado de la hoja.

En el reverso de la hoja los alumnos leyeron:

—Has sacado un 10. Puedes irte a tu casa. Por haber-
te exigido ir a por más, no eres un alumno promedio. Te

auguro que en la vida te irá muy bien porque te atreves a ir a por más.

Muévete un poco más, haz un poco más,
no para ganarle al otro sino para superarte a ti mismo.

Los hombres que construyen el futuro son los que saben que las cosas más grandes todavía no han sucedido y que ellos mismos harán que sucedan. La mejora de uno mismo lleva tiempo, toda la vida, se desarrolla durante las 24 horas del día los 365 días del año. Si alguien te dice: «Esto te costará solo un minuto», no lo creas. Nada se consigue instantáneamente. Crecer tampoco.

El que asfixia querrá que siempre dependas de él, que lo necesites, querrá ser la última gaseosa del desierto, pero el que es libre sabrá alejarse de esta toxicidad, de esa «dependencia» para no ponerle límites a su crecimiento. Tengamos presente que el que asfixia también es dependiente del otro, porque si no tiene a alguien a quien dominar, «no existe».

El ambiente que tú crees determinará el fruto que obtengas

Si eres capaz de crear un buen ambiente con tus hijos, ellos serán un «buen fruto». Si generas un buen ambiente con tu pareja, esta mejorará. Por eso, un buen líder determina la atmósfera en la que se mueve. Un buen líder determina si su grupo llegará a la meta, determina la alegría y el éxito. Estas cosas no son determinadas por la atmósfera de los demás, es él mismo quien las determina. Cuando uno se mueve de esta manera, estará generando una atmósfera de éxito.

Necesitas saber quién eres y para qué naciste. Cuando lo tengas claro, nadie más podrá asfixiarte.

5. NO LO TOLERO MÁS, ¡SIENTO QUE ME ASFIXIA!

¿Y qué hay de los que son víctimas de personas asfixiantes? Alguien que es asfixiado siente que no está viviendo su propia vida con libertad; que no puede (o no lo dejan) hacer aquello que quiere, que elige, que le gusta; hasta puede llegar a sentir un ahogo a nivel físico por momentos; le cuesta encontrar una salida a su situación...

Eugene Griessman titula uno de los capítulos de *Maneje su tiempo*: «No permita que los demás le hagan perder el tiempo.» Allí explica que con ciertas personas se puede hablar con franqueza. Si alguien nos trae un problema permanente, aconseja esperar hasta la siguiente ocasión y anticiparle a la persona qué tiempo le podemos dedicar: «Tengo quince minutos a las cuatro en punto.» Si la persona llega a tiempo, ya a las 4.16, decirle algo como: «¿Crees que podríamos continuar este tema en otra ocasión? Estoy haciendo malabarismos con varios asuntos pendientes, y no sería justo prestarte atención así...»

Por teléfono, a veces también es necesario anticiparse: «¡Hola! Solo tengo un minuto para ti ahora mismo, discúlpame, si es muy urgente...» Transmite siempre tu sentido de urgencia con amabilidad.[*]

¿Sientes que estás siendo víctima de alguien asfixiante? Decídete a aprovechar tu vida y tu tiempo al máximo, tal como tú lo determines, y a ponerle límites claros a esa persona. ¡Tienes derecho a ser libre!

---

[*] Eugene B. Griessman, *Maneje su tiempo*, Mc Graw-Hiil / Interamericana de México, 1995. Extraído de http://georginathompson. blogspot.com.ar/2010/03/personas-asfixiantes.html

6. LIBRES DE LA ASFIXIA

Cuenta una anécdota que cuando John F. Kennedy llegó a Cabo Cañaveral en la década de 1960 fue preguntando a quienes encontraba en el lugar:

—¿Usted qué hace?

—Soy astronauta.

—¿Y usted?

—Yo soy científico.

A un señor que limpiaba el suelo al que también le preguntó qué hacía él respondió:

—Lo mismo que todos, señor presidente, trato de mandar un hombre a la Luna.

¡El líder de esa persona sí que le enseñó bien! No minimices nada de lo que hagas y no permitas que nadie lo haga. Este hombre sabía que formaba parte de un proyecto mundial, él era una parte y le daba valor a su trabajo porque lo hacía con orgullo y responsabilidad.

Valora todas las cosas que hagas como importantes: cada correo electrónico que envíes, cada saludo que des. Cualquier tarea, por pequeña que sea, es importante que la hagas bien.

Valora claramente tus habilidades porque todo lo que haces obedece a un plan grande.

En una oportunidad, un médico que trabajaba en el área de epidemiología con personal que estaba a cargo de censar y cargar datos durante todo el día, se presentó ante el equipo y les dijo: «Si ustedes cargan mal los datos, nosotros elaboramos mal

> **La verdadera educación consiste en obtener lo mejor de uno mismo.**
>
> **Mahatma Gandhi**

la estadística; y si elaboramos mal la estadística, desarrollamos mal el plan de epidemiología. Por eso, cada dato que ustedes están cargando es fundamental porque bendecirá o no el programa nacional.» Al escuchar esas palabras sobre la importancia de lo que estaban haciendo, esas personas se sorprendieron.

Por eso, valora cada cosa que realices, no minimices tus responsabilidades. Cuando así lo haces, ya nadie puede controlarte ni asfixiarte.

Sé una persona de «edición limitada». De cada mil vacas Aberdeen Angus nace una vaca roja. ¡Sé una vaca roja!

16

EL HISTRIÓNICO

> Quien solo busca el aplauso de los demás pone su felicidad en manos ajenas.
>
> OLIVER GOLDSMITH

1. ACTORES EN ESCENA

Veamos cuáles son las características del histriónico:

- **Busca llamar todo el tiempo la atención.** Su búsqueda permanente es ser el centro de atención. El protagonismo absoluto es el aire sin el cual no puede vivir. Llama la atención con su aspecto. Su cuerpo es atlético, es sexy, es el chico guapo, usa ropa atrevida. Es «el alma de la fiesta», es el alumno que siempre interrumpe en la clase o quiere impresionar al profesor, etcétera.

- **Tiene hambre de aplauso y de reconocimiento.** Si la vida es una obra de teatro, el histriónico es el actor y los demás son su público. Deben aplaudir. Necesita la devolución de la imagen. Si no recibe esa devolución se deprime, se aburre. No puede vivir si no hay gente mirándolo.

  El aplauso tiene que ser unánime. Por ejemplo, si en Facebook recibe diez comentarios positivos y uno negativo, va a sufrir por ese único comentario que no lo aplaude. A pesar de toda la admiración que pueda recibir, interiormente tiene creencias muy negativas sobre sí mismo.

- **Es superficial.** Seductor, sociable, amistoso y expresivo, el histriónico habla mucho, pero con sus frases grandilocuentes dice poco. Sus conclusiones son simplistas y globales, además de imprecisas. Llama la atención solo por su aspecto y sus dichos intrascendentes.

  Cuando tiene que hacer algo no se sienta a *pensar,* sino que actúa por emoción o intuición. No puede teorizar, todo es intuitivo. Por eso, no puede planificar objetivos a largo plazo.

- **No tiene empatía.** El otro no existe, porque lo considera simplemente «público», un observador, no una persona. No tiene intimidad. Confunde «atención» con «intimidad». Tiene poco mundo interior para compartir. Pasa de una relación a otra y cuando no es el centro de atención sufre ansiedad o depresión.

> Los mosquitos mueren entre aplausos.
>
> Woody Allen

- **No tiene autocrítica.** Experimenta cambios emocionales en poco tiempo, pero no puede ver que se

El histriónico

deben al vacío que hay detrás de su imagen de triunfador.

2. PERSONAJES SELECCIONADOS

«Los histriónicos de sexo femenino (así como algunos hombres) parecen haber sido recompensados desde edad temprana por ser bellos, por su atractivo físico y su encanto, más que por su capacidad o por algún esfuerzo que exigiera pensamiento y planificación sistemáticos.

> Corred el riesgo de ser diferentes, pero aprended a hacerlo sin llamar la atención.
>
> Paulo Coelho

Los histriónicos "machos" han aprendido a interpretar un rol masculino extremo, pues se les recompensaba por la virilidad, la rudeza y el poder, más que por su capacidad real o por la aptitud para resolver problemas. Es por eso comprensible que los varones y las mujeres histriónicas aprendan a concentrarse en el desempeño de roles y la interpretación teatral para otros.»*

Analicemos las actitudes y los roles que interpretarían distintos personajes tóxicos si la vida fuera un teatro.

El narcisista: Es actor y público. Dice: «No te necesito.»
El histriónico: Es el único protagonista. Los demás son el público que lo debe aplaudir.
El psicópata: No es actor ni público. Él quiere ser el dueño del teatro.

* A. Beck, A. Freeman y otros, *Terapia cognitiva de los trastornos de personalidad*, Paidós Ibérica, Barcelona, 1995.

Si el público no aplaude:

El narcisista se sorprende. «¡Qué mal están!», piensa, pero como él solo presta atención a su propio aplauso, los demás dejan de tener valor e importancia.

El histriónico sufre.

El psicópata está pensando cómo quedarse con el teatro y también con la casa colindante.

¿Qué disfrutan de la obra?

El narcisista: a sí mismo.
El histriónico: aumentar su audiencia.
El psicópata: transgredir la norma.

¿En qué se parecen?

- No tienen autocrítica: carecen de capacidad de aprendizaje.
- No tienen empatía: no pueden identificarse con el otro.
- Son superficiales: la impulsividad los lleva a la irreflexión.
- No planifican a largo plazo.
- Poseen un vacío interior.
- Explotan a los demás para su propio beneficio.
- Son malos líderes. No saben construir equipo.

¿Cómo actúan frente al error?

El histriónico: lo niega.
El narcisista: lo niega y ataca.
El psicópata: lo agranda si es para mal.

¿Con quién forman pareja?

En general:
El *psicópata* con una *histriónica* que manipula.
El *narcisista* con una *masoquista*.

3. ACTUANDO A MI FAVOR

Para poder tener una estima sana necesitamos en primer lugar usar nuestros rasgos a nuestro favor. Necesitamos representar el rasgo sin creernos el papel. Ver los rasgos personales que cada uno tiene y ponerlos en el lugar correcto. De esta forma podremos establecer mejores vínculos, mejores relaciones interpersonales y obtener un mejor resultado en todo lo que hagamos, obteniendo el mayor beneficio de nuestros rasgos más sobresalientes. Por ejemplo:

> Ni deprimido por el fracaso ni seducido por los aplausos.
>
> Gustav Mahler

- *Rasgos psicopáticos:* en casos de reducción de personal, negociaciones más duras de trabajo, sindicatos y en todas las cuestiones de límites.
- *Rasgos narcisistas:* en temas de ventas y márketing. No son buenos para negociar porque no tienen dentro de sí la argumentación.
- *Rasgos histriónicos:* en la atención al cliente y la venta interna.

En las relaciones interpersonales, reconocer estos rasgos nos da la posibilidad de poner a nuestro lado a otros capaces de hacer lo que a nosotros nos cuesta, igual que en

> Para poco ha nacido quien aguarda el reconocimiento de sus contemporáneos.
>
> Séneca

una cátedra un profesor delega la clase o el tema que no domina o no le gusta a otro profesor que lo disfruta.

¿Qué hacer en cada caso cuando esos rasgos definen la personalidad?

El histriónico

Si el histriónico es el jefe:
- Como es inestable e inconstante, lo mejor es esperar para hacer lo que pide, porque seguramente cambiará de parecer.
- No es violento pero puede atacar.

Si el histriónico es el empleado:
- Afirmar: «Eres muy bueno en lo que haces, por eso creciste.»
- Hay que tratarlos con un poco de afecto, pero con distancia: así serán leales. Siempre hay que mostrarles que es el líder quien posee la autoridad.

Como vemos, las relaciones interpersonales con personas histriónicas suelen ser tormentosas e insatisfactorias. Son percibidos por los demás como superficiales, carentes de autenticidad, exigentes y abiertamente dependientes. Sus pensamientos parecen carecer de profundidad o autenticidad.*

* A. Beck, A. Freeman y otros, *Terapia cognitiva de los trastornos de personalidad*, Paidós Ibérica, Barcelona, 1995.

Consideremos esta metáfora:

Si apoyo una botella sobre su pico, con solo soplarla se caerá. Si la apoyo sobre su base, aunque sople no se caerá.

El pico simboliza nuestros éxitos (aplausos): si nos asentamos sobre ellos, cualquier brisa nos derribará. Pero si nos asentamos sobre la base de los valores, el viento no nos derrumbará.

Asentarme en mis valores hace que pueda disfrutar mi éxito.

Los valores son esos principios en los que me apoyo en la vida. Los llevo siempre conmigo, sin importar con quién me encuentre o adónde vaya. Todos los seres humanos tenemos valores. Algunos son valiosos, porque le hacen bien al que los posee y a los demás. Otros solo hacen bien a su poseedor y también los hay que no hacen bien a nadie. Antes de iniciar cualquier acción, cualquier tarea, cualquier proyecto, tenemos que conocernos, definirnos, y determinar qué tipo de persona queremos ser, qué valores son importantes para nosotros.

17

EL FELPUDO

Ser quienes somos y convertirnos
en lo mejor que somos capaces de ser
es la única meta de la vida.

ROBERT LOUIS STEVENSON

1. SIEMPRE A TUS PIES

Todos tenemos un *autoconcepto*. ¿Qué es el autoconcepto? Es la imagen que tengo de mí mismo, física e intelectualmente. Por ejemplo, si yo te pregunto cómo te ves físicamente, podrías decirme que te ves ágil, te ves guapa, te ves feo, te ves lento, etcétera. Si te pregunto cómo te ves intelectualmente, podrías decirme que te ves capaz, o que te ves incapaz. También tenemos un autoconcepto social, vinculado a la manera en que nos relacionamos con los demás. Nosotros mismos construimos ese autoconcepto desde que nacemos hasta que morimos. Este nos lleva a sentirnos de una manera en particular. Esa sensación se llama autoestima.

La *autoestima* es: cómo me siento de acuerdo a cómo me veo. Cómo me veo determinará cómo me siento. Cuando una persona dice «tengo baja la autoestima», quiere decir «siento que mi autoconcepto no es bueno». Porque la autoestima es lo que siento como resultado del autoconcepto, es decir, de lo que pienso de mí. Entonces, no se trata de sanar la autoestima, sino de sanar el autoconcepto. Está más que demostrado que cuando una persona tiene bajo su autoconcepto es más proclive a la depresión, disminuye la efectividad de su sistema inmunológico, tiene menos motivación, no establece buenas relaciones interpersonales, tiene dificultad para reivindicar sus derechos, siente más envidia, etcétera.

> En realidad son nuestras decisiones las que determinan lo que podemos llegar a ser, mucho más que nuestras habilidades.
>
> J. K. Rowling

En la niñez, especialmente en la escuela primaria, empezamos a construir este autoconcepto que es en primer lugar físico. El niño descubre cómo es su cuerpo, para qué es capaz, para qué no es capaz. Después en el colegio descubre para qué cosas es intelectualmente capaz y para cuáles no; y cómo se lleva con los compañeros. Por eso es tan importante cómo tratamos a nuestros hijos, porque ellos están construyendo su autoconcepto. Los padres tenemos que crear un clima de amor, de paz, de seguridad, para que nuestros hijos estén bien.

En la infancia vamos construyendo el autoconcepto según nos vemos a nosotros mismos, hasta que llegamos a la adolescencia y tenemos un descubrimiento muy fuerte: que no solo nos miramos nosotros, sino que los demás también nos miran. Es decir, que ya no solo importa cómo yo me veo, sino que ahora me empieza a importar cómo me ven los demás. Ahora pregunto si la ropa que me gustaba les gusta a los demás. «¿Cómo me queda? ¿Estoy más gordo?»

En la adolescencia descubrimos la mirada de los demás, que adquiere mucha fuerza. Ahora hay una lucha, tengo que elegir si voy a hacer lo que yo quiero hacer o si voy a cumplir con el deseo de los demás, con la expectativa de la mirada social. Si en mi casa querían que yo fuera abogado, pero yo quiero ser músico, hay un choque. Si mis amigos quieren que yo haga tal cosa, pero en realidad yo quiero hacer esta otra, hay un choque. Algunos adolescentes viven atados a la mirada de los demás, dejan de hacer lo que les gusta, lo que desean para hacer lo que les dicen los otros. Y a partir de entonces viven atados a la mirada de los demás. Son esas personas que, ya adultas, están atentas a los que pasan a su lado esperando que los saluden. En realidad no tienen interés en saludar, quieren ser aprobados. Necesitan de los títulos: jefe, líder, etcétera, porque están atados a la mirada del otro. Compran cosas no para disfrutarlas, sino para impactar a los demás. Tienen un coche y quieren otro para que los demás los miren y admiren.

Vivir pendientes de la mirada de los demás, pensando en los demás, sufriendo por los demás significa no mirar lo que ellos desean. Y vivir atados a la mirada de los otros los convierte en felpudo de los otros.

Así es que mientras caminan hacia su sueño, muchas personas van archivando experiencias negativas, van juntando resentimiento. Por ejemplo, imagina que una persona querida un día te dice algo que no te gusta. No dices nada y lo dejas pasar, aunque te sientas una especie de depósito donde cualquiera arroja lo que le viene en gana con la excusa de «lo digo por tu bien». O un felpudo que todos pueden pisar, y aquí no ha pasado nada. Vamos guardando cosas, así como el felpudo guarda pelusa, si no nos encargamos de barrerlo y limpiar las huellas que dejan las pisadas de los demás.

Cuando día tras día recibimos opiniones desconsideradas, guardamos en nuestra memoria situaciones incómodas con tal o cual persona, que se acumulan en forma de resentimiento. Es probable que llegue un momento en que explote toda esa amargura acumulada en tu interior y digas: «¡Esta persona es de terror!»

> No conozco la clave del éxito, pero la clave del fracaso es tratar de complacer a todo el mundo.
>
> Woody Allen

¿Cómo se pasa de tener una relación de buenos amigos a considerar al otro el enemigo en persona? Acumulando resentimiento, guardando sin darnos cuenta cosas que nos molestan, llenándonos de amargura.

¿Cómo podemos librarnos de la amargura? Resolviendo los conflictos con rapidez. Muchas veces nos sucede que tenemos un problema y en vez de resolverlo, lo desplazamos. Por ejemplo, si estamos atravesando una crisis de pareja, desplazamos nuestro malestar y terminamos enfureciéndonos con nuestros hijos o con un compañero de trabajo. En realidad lo que hacemos es desplazar la rabia hacia otros ámbitos, porque no resolvimos el verdadero problema, el conflicto con nuestra pareja. Si nos gritan en el trabajo, llegamos furiosos a casa y maltratamos a nuestra mascota. Si nos contestó mal un amigo, cuando nos sentamos a la mesa no nos gusta la comida, o no es lo que esperábamos. El problema no es lo que dice el otro, sino lo que nos decimos a nosotros mismos. Por eso, cada vez que tengas un conflicto con alguien y te pelees, mira hacia dentro porque probablemente has acumulado resentimiento, «pelusa», te has sentido pisoteado, desvalorizado o estás desviando un problema que en realidad es personal.

Cada vez que nuestra mente ante un recuerdo doloroso elige enterrarlo, ese recuerdo gana poder. Al no poder resolver ese recuerdo, esas palabras, esa desvalorización, se guardan y se vuelven más poderosos.

Siempre debes permitirte recordar las experiencias tristes que hayas pasado en la vida. Se suele aconsejar a quien está atravesando un duelo que se distraiga, que piense en otra cosa. En realidad, lo mejor es recordar lo sucedido para que la persona no lo «guarde en el desván» y el recuerdo se potencie. Giorgio Nardone, el terapeuta italiano que revolucionó el campo de la psicoterapia en el mundo, daba la siguiente tarea a los pacientes que habían sufrido algún trauma: «Anota en un cuaderno todos los días y durante media hora el recuerdo de ese trauma con lujo de detalles. Hazlo durante diez días.» En los primeros días los pacientes lloraban al escribir su recuerdo. Sin embargo, con el paso del tiempo, notaban que ese recuerdo ya no tenía tanto poder y que el dolor había desaparecido. Este terapeuta descubrió que enfrentarse a un recuerdo y traerlo voluntariamente a la memoria permite empezar a controlarlo y a «gastar» la emoción.

Debemos transformar los recuerdos tristes
en aprendizaje.

No basta con recordar y gastar la emoción, además debemos aprender algo de esa situación adversa. Por eso, ¡ataca y resuelve la raíz de amargura!

2. LA PRIMERA COMPETICIÓN

Miles de personas se sienten felpudos de otras, sienten que su vida no tiene valor, que la vida fue injusta con ellos, y con este tipo de pensamientos se victimizan, se anulan y se resignan a vivir lo que otros quieren para ellos. Es este un sentimiento tóxico. *Ser felpudo es en primer lugar tóxico con uno mismo.* Es no darse permiso para ser feliz, no elegir lo mejor para uno mismo. ¿Cómo salir de esa actitud tóxica? En primer lugar, sabiendo que *las grandes oportunidades no llegan, se ganan.*

Mientras estés esperando que alguien te trate bien y te dé una oportunidad, no la tendrás. La oportunidad hay que salir a ganársela. ¿Cómo ganas las oportunidades? Compitiendo. Primero, contigo mismo. Cuando compites con los demás, siempre alguien gana y alguien pierde. Es cosa de necios porque hoy puedes ganarle a uno y mañana puedes perder con otro, o estar bien un día y estar mal al día siguiente.

> Acepta los riesgos, toda la vida no es sino una oportunidad. El hombre que llega más lejos es, generalmente, el que quiere y se atreve a hacerlo.
>
> Dale Carnegie

Si quieres ganarte las mejores oportunidades —un buen puesto de trabajo, un aumento de sueldo, un viaje—, compite contigo mismo y supérate a ti mismo y a nadie más. Compárate con la persona que eras uno o dos meses atrás, y fíjate si hoy estás mejor y lograste superarte. ¿Qué ganaste? ¿Lograste cuidar tu salud? ¿Te volviste un poquito más ordenado? Solo cuando competimos con nosotros mismos podemos superarnos.

Henry Kissinger, en su libro *The White House Years*, relata la historia de un catedrático que encargó una tarea a sus alumnos. Cumplido el plazo, los alumnos entregaron sus trabajos. Poco después, el profesor los devolvió con la correspondiente nota. Uno de los alumnos solo halló este comentario: «¿Es esto lo mejor que usted puede hacer?» El alumno pensó en la pregunta, buscó maneras de mejorar su tarea y se la entregó nuevamente al profesor. Pocos días después recibió el mismo comentario: «¿Es esto lo mejor que usted puede hacer?» Sabía que había mejorado, pero todavía podía añadir algunas cosas. Lo hizo. Sin embargo, cuando el profesor le devolvió la tarea el comentario no había cambiado: «¿Es esto lo mejor que usted puede hacer?» Esto sucedió diez veces. Finalmente el alumno se irritó y le dijo enérgicamente al profesor:

—¡Sí, esto es lo mejor que puedo hacer!
El catedrático respondió:
—¡Bien! Ahora sí lo voy a leer.

Para crecer tienes que observarte, porque solo la gente que tiene una feliz competición consigo mismo mejora. No te digas cosas como: «Soy un tonto» o «Esto siempre lo hago mal», porque eso no es mejorar sino castigarse. Entabla una gradual competición contigo mismo: «Logré diez, así que ahora voy a por once»; «Tengo cinco personas a mi cargo, así que ahora voy a por siete». Si quieres mejorar no esperes un año para compararte, hazlo en dos semanas, un mes o dos meses. En el mundo las cosas funcionan así: si quieres sobresalir, tienes que ganarte la oportunidad y la oportunidad la ganan los que compiten —no con los demás sino con ellos mismos— y se superan.

Tienes un potencial que todavía no has desarrollado totalmente porque hasta el último día de la vida puedes ir mejorando y liberando capacidades nuevas. Tienes que aprender a mejorarte y mejorar significa mostrar tus virtudes. Mostrarlas, no enunciarlas. Cuando una persona habla de sus virtudes, o de sus buenas actitudes, eso juega en contra porque las virtudes no se dicen, se demuestran. Cuando una persona hace márketing de las relaciones humanas genera efectos graves y contrarios a su vida porque muestra su lado orgulloso. Cuando alguien te hable de sus buenas características, ¡no le creas! Lo que hay que hacer es mostrarlo. Cuando comienzas a mostrar tu actitud, no a decirla sino a demostrarla y a sostenerla en el tiempo, entonces se te abren las oportunidades.

Una persona que habla de sus virtudes pero no las puede sostener con hechos es un cantamañanas. Un ganador despierta admiración, pero también envidia, por eso tiene que demostrar que ganó siendo fiel a sus dichos. Los espabilados que pierden desaparecen de escena y vuelven a los seis meses con el mismo cuento.

No seas como ellos. ¡Sostén tu mejora en el tiempo! ¡Y erradica la mentalidad de felpudo! No naciste para que nadie te pise, ni deposite suciedad sobre tu vida. Naciste para llevar a cabo el propósito de tu vida. Recuerda: nadie te va a dar nada porque a nadie le importa si no llegas a fin de mes o si tienes muchos hijos. Tienes que ganarte las oportunidades. ¿Cómo? Dejando de lado esta toxicidad estarás listo para competir contigo mismo, no con los demás, en un esfuerzo alegre de superarte, de mejorar, de ser un poco más ordenado, de tratar mejor a quienes te rodean. Tómate con seriedad el deseo de mejorar y superarte. Para empezar a mejorar, sostén las actitudes en el tiempo sin hablar, demostrándolas. Con la serenidad de que podrían filmarte durante las veinticuatro horas del día, y de que te mantendrás firme porque estás en un estado de crecimiento continuo. Y si te equivocas, debes saber que es normal que fallemos, a todos nos pasa, pero nos volvemos a levantar.

3. LIBRES DE LA MIRADA DE LOS DEMÁS

¿Qué tenemos que hacer para ser libres de la mirada de los demás, para dejar de sentirnos un felpudo?

Tengo que focalizar específicamente en qué cosas soy mediocre y en qué cosas soy malo, y no generalizar.

Yo no tuve buenas notas en inglés en la escuela. Entonces, podría decir: «Soy malo para los idiomas.» Pero estudié griego seis años y lo hablo bien. Entonces, la realidad es que no soy malo para los idiomas, soy malo para el inglés. Tampoco tuve buenas notas en matemáticas, pero me fue bien en educación física. Es decir que para matemáticas soy malo, pero para el ejercicio, no.

Tienes que identificar específicamente en qué cosas eres malo y reconocerlas. A la mayoría nos pasa que cuando pensamos en las cosas que hacemos mal o de manera mediocre, sentenciamos: «Soy un desastre, todo me sale mal»; «Mi pareja

> Nada es más difícil que aceptarse a uno mismo.
>
> Max Frisch

es un desastre»; «Como comerciante soy un desastre». ¡No! Tenemos que ser específicos e identificar concretamente en qué somos buenos, en qué somos mediocres y en qué somos malos. Reconocer específicamente nuestras cosas buenas, mediocres y malas.

Tengo que saber que si en algo soy mediocre y malo,
lo soy porque no invierto el suficiente tiempo,
no porque no tenga capacidad.

Si nunca jugaste al fútbol, si no corriste ni para pillar el autobús, es decir, si no invertiste tiempo en correr, sino en hacer otra cosa, no serás bueno corriendo. Yo descubrí ahora por qué no aprobaba inglés en la escuela. No porque fuera malo para el inglés, sino porque no invertí en estudiarlo el tiempo que invertí en otras cosas. Cuando reconocemos en qué somos buenos, en qué somos mediocres y en qué somos malos, no tenemos problema en dejarnos corregir. Cuando alguien viene y me dice: «Bernardo, eres un desastre para el inglés», no me enfado, no se me ponen los pelos de punta. ¿Por qué? Porque ya lo vi antes, de manera que puedo trabajar en eso para mejorarlo, invirtiendo más tiempo para aprender más. Dicen que el eslabón más débil en la cadena es el más fuerte porque la rompe. Cuando yo puedo reconocer mis áreas débiles y mis áreas mediocres, me dejo corregir y puedo crecer. ¿Por qué puedo crecer? Porque la historia de mi vida no se ha terminado, el libro de mi vida se va a escribir hasta mi último suspiro. Cuando una persona dice: «Esto me sale mal pero puedo corregirlo, veo específicamente que puedo dejarme corregir e invertir tiempo» es porque reconoce que tiene cosas buenas, cosas mediocres y cosas malas.

Todos los días, o un día sí y otro no, tenemos que sentarnos a ver lo que estamos haciendo, en qué somos buenos, en qué somos mediocres y en qué somos malos. Porque una vez que lo podamos reconocer y especificar, nos dejaremos corregir y no nos va a molestar que alguna vez nos lo señalen. ¿Por qué? Porque nosotros ya lo vimos antes.

De esa manera te liberas del orgullo de pensar que no tienes nada malo; también, de pensar que toda tu vida es un caos. Y puedes encontrar la posición equilibrada porque todos tenemos cosas buenas, cosas mediocres y cosas malas.

Mira tu vida como si fuera un libro y tú el autor que sigue narrando los próximos capítulos, porque el libro todavía no está terminado. Considéralo de esta manera: «Si me fue mal en esto es porque no invertí suficiente tiempo en este aspecto, tal vez no me dejé corregir. Pero ahora puedo crecer y lo puedo transformar en una bendición porque mi vida no está terminada, estoy escribiendo cada día los próximos capítulos.»

Cuando alguien me hace un comentario, considero la mirada del otro, la escucho, pero no dependo de esa mirada. Escucho lo que me dicen y presto atención a la mirada ajena pero no me ato, no dependo de ella, no la necesito para vivir. ¿Por qué? Porque ya empecé a reconocer en qué soy bueno, en qué soy mediocre y en qué soy malo.

> Todo lo que escuchamos es una opinión, no un hecho. Todo lo que vemos es una perspectiva, no es la verdad.
>
> Marco Aurelio

4. ABONA TU ÁRBOL CON ESTIÉRCOL

Para que un árbol crezca hace falta que lo abones con estiércol, es decir, con todo lo malo que te dijeron y lo negativo que te ocurrió. Frente a una situación adversa puedes quedarte con el estiércol en la mano o usarlo para abonar tu semilla de fe para que luego dé fruto. En otras palabras, decidir si te vas a quedar con lo malo que te han dicho o han depositado sobre tu vida o si lo vas a transformar en algo bueno. Cuando te maltraten, te engañen o recibas una mala noticia, piensa: «¿Cómo hago para transformar esto en un fruto a mi favor?» Busca la estrategia para transformar todo lo negativo en abono y plantarlo sobre tu vida. Escúchate diciéndote a ti mismo: «Esta situación negativa va a traer fruto, porque soy experto en tomar lo que no sirve para transformarlo en éxito.»

Existen cuatro niveles de conocimiento:

- **Lo que tú sabes de ti mismo y los demás saben de ti.** Si eres médico, no solo lo sabes tú, sino también tu familia, tus amigos y toda la comunidad.
- **Lo que tú sabes de ti mismo que los demás no saben.** Esto forma parte de tu intimidad. Hay cosas que solo tú sabes como, por ejemplo, la edad que tenías cuando diste tu primer beso.
- **Lo que los demás saben de ti pero tú mismo no sabes.** Tal vez muchos saben que determinada persona canta mal, pero probablemente esa persona no lo sepa.
- **Lo que tú no sabes de ti mismo y los demás tampoco saben.** Todo lo que determines para tu vida, prosperidad, salud, bendición, alegría, crecerá en gran medida. Aunque tu comienzo haya sido pequeño, esa semilla de fe que plantes crecerá y se convertirá en un árbol tan grande que vendrán las aves a hacer nido en él.

Tienes que empezar a cuestionar todo lo que no funciona. Cuando alguien te diga que algo no se puede lograr, pregúntate: «¿Por qué no se puede?» «¿Por qué si otro lo logró, yo no puedo hacer lo mismo?» Cuestiona el «no puedo» y desarraiga la mediocridad. Tal vez te hayan dicho que si llueve, si vives lejos, si no tienes un título universitario, no puedes aspirar a conseguir un trabajo, a tener una casa, etcétera. Frente a estos comentarios, solo debes plantearte esta pregunta: «¿Por qué no voy a poder lograrlo?»

Desarraiga todo espíritu de víctima, de dolor, de mentira, de enfado y de angustia. No digas más: «No puedo» o

«¡Es muy difícil!». Planta fe, éxito, poder, alegría, resultados extraordinarios. Y así será. No evalúes tu vida desde donde estás, sino desde el lugar al que quieres llegar; en otras palabras, en base a lo que quieres lograr.

> Cuando crees en ti mismo, eres libre para concentrarte en mejorar y alcanzar tu potencial.
>
> John Maxwell

Tienes que expandir tu circuito hasta el último instante de tu vida. ¡Nunca dejes de incorporar alternativas nuevas! Tu desafío es que identifiques tu anhelo y te concentres en la meta que te propongas alcanzar.

No te distraigas con tonterías. Tienes una meta, un proyecto, y para llevarlo a cabo necesitas una mente enfocada. Una persona con mente enfocada no se detiene ni se distrae con nada y avanza hacia su sueño. No importa si los demás no lo ven, tus ojos ven tu sueño cumplido. ¡Estabas en el suelo, pero ahora estás de pie!

Es hora de decirle adiós a la toxicidad.

Es hora de quitar el polvo de nuestros zapatos, de nuestra vida y de seguir hacia delante.

BIBLIOGRAFÍA

LIBROS CONSULTADOS

Agar-Hutton, Robert, *How to Deal with Verbal Aggression*, Protectics Limited, 2003.

Ailes, Roger y Kraushar, Jon, *Tú eres el mensaje*, Paidós, 1993.

Alberoni, Francesco, *El arte de liderar*, Gedisa, 2003.

Alberti, Robert y Emmons, Michael, *Con todo tu derecho*, Obelisco, 2006.

Albrecht, Karl, *Inteligencia práctica. El arte y la ciencia del sentido común*, Vergara, 2008.

Allen, Frank, *Great Insults and Comebacks*, New Holland, 2008.

Anderson, Dave, *Cómo tratar con clientes difíciles*, Díaz de Santos, 2008.

Arbelaez, Claudia, *Inteligencia financiera. Cómo tener lo que quieres sin renunciar a lo que eres*, Júpiter, 2008.

Arden, Paul, *Pienses lo que pienses. Piensa lo contrario*, MAEVA, 2008.

Arden, Paul, *Usted puede ser lo bueno que quiera ser,* Phaidon Press Ltd., 2003.

Arroyo, Luis y Yus, Magalí, *Los cien errores de la comunicación de las organizaciones,* ESIC, 2007.

Axelrod, Alan y Holtje, James, *201 Ways to Deal with Difficult People,* McGraw-Hilll, 1997.

Azar de Sporn, Selma, *Terapia sistemática de la resiliencia. Abriendo caminos, del sufrimiento al bienestar,* Paidós, 2010.

Bach, Eva y Forés, Ana, *La asertividad para gente extraordinaria,* Plataforma, 2008.

Bagarozzi, Dennis y Anderson, Stephen, *Mitos personales, matrimoniales y familiares. Formulaciones teóricas y estrategias clínicas,* Paidós, 1996.

Baleija, M. Patricia, *Psicología organizacional: carrera de licenciatura en enfermería,* Editorial Universidad Maimónides, 2008.

Baringoltz, Sara y Levy, Ricardo, *Terapia cognitiva del dicho al hecho,* Polemos, 2008.

Beck, Aaron y otros, *Terapia cognitiva de los trastornos de personalidad,* Paidós Ibérica, 1995.

Beck, Judith, *Terapia cognitiva para la superación de retos,* Gedisa, 2007.

Bell, John, *How to Deal with Difficult and Aggressive People,* Pelican Publications, 2004.

Benun, Ilise, *Stop Pushing Me Around! A Workplace Guide for the Timid, Shy and Less Assertive,* Career Press, 2006.

Berckhan, Barbara, *Judo con palabras. Defiéndete cuando te falten al respeto,* RBA, 2009.

Berg, Insoo Kim y Miller, Scott, *Trabajando con el problema del alcohol. Orientaciones y sugerencias para la terapia breve de familia,* Gedisa, 1992.

Bernstein, Albert, *Vampiros emocionales,* Edaf, 2003.

Beyerbach, Mark y Herrero de Vega, Marga, *200 Tareas en terapia breve,* Herder, 2010.

Bing, Stanley, *¿Su jefe está loco?,* Robin Book, 2007.

Birla, Madan, *FedEx cumple,* Grupo Editorial Norma, 2005.

Biscotti, Omar, *Terapia de pareja. Una mirada sistemática,* Lumen, 2006.

Bramson, Robert, *Coping with Difficult People,* Simon & Schuster, 1992.

Brenes Peña, Ester, *Descortesía verbal y tertulia televisiva,* Peter Lang, 2011.

Breton, Phillipe, *Argumento en situaciones difíciles,* Paidós, 2005.

Brinkman, Rick, *Dealing with Difficult People: 24 Lessons for Bringing Out Best in Everyone,* McGraw-Hill Digital Professional Book Group, 2006.

Bullmore, Jeremy, *Otro mal día en el trabajo,* Granica, 2003.

Bunge, Mario, *100 Ideas. El libro para pensar y discutir en el café,* Sudamericana, 2006.

Buqueras y Bach, Ignacio, *Tiempo al tiempo,* Editorial Planeta, 2006.

Cagnoni, Federica y Milanese, Roberta, *Cambiar el pasado. Superar las experiencias traumáticas con la terapia estratégica,* Herder, 2010.

Camacho, Santiago, *Calumnia, que algo queda,* La esfera de los libros, 2006.

Camp, Jim, *Diga no para obtener un sí,* Editorial Empresa Activa, 2008.

Castanyer, Olga y otros, *La víctima no es culpable,* Desclée de Brouwer, 2009.

Castets, Cesar, *La Ley del Acuerdo. Acuerdos estratégicos que desatan todo tu potencial,* Presencia Malvinas Editora, 2010.

Caunt, John, *Confía en ti*, Gedisa, 2001.

Cava, Roberta, *Dealing with Difficult People*, Planeta, 1990.

Cawood, Diana, *Técnicas asertivas de dirección de personal*, Deusto, 2005.

Ceberio Marcelo R., *La segregación social de la locura*, Universitat de Barcelona, 1996.

—, *Ser y hacer en terapia sistémica*, Paidós, 2005.

—, *La buena comunicación*, Paidós, 2006.

—, *La construcción del universo*, Herder, 2007.

—, *Cenicientas y Patitos Feos*, Herder, 2014.

Ceberio, Marcelo R. y otros, *Clínica del cambio*, Nadir Editores, 1991.

Cerini, Silvana, *Manual de negociación*, Editorial de la Universidad Católica Argentina, 2008.

Chapman, Gary, *Los cinco lenguajes del amor*, Unilit, 1992.

Chiozza, Luis, *¿Por qué enfermamos? La historia que se oculta en el cuerpo*, Alianza, 2001.

Cía, Alfredo, *Trastorno por estrés postraumático. Diagnóstico y tratamiento integrado*, Imaginador, 2001.

—, *Cómo vencer la timidez y la ansiedad social*, Polemos, 2009.

—, *Cómo enfrentar el trastorno obsesivo-compulsivo*, Polemos, 2010.

Cialdini, Robert y otros, *¡Sí! Cincuenta consejos concretos sobre la manera en que la persuasión y la influencia pueden ayudarte a alcanzar tus objetivos*, Lid, 2008.

Cooper, Margaret, *Decisions Decisions Decisions: Learn how to become a Good Decision Maker*, Publish America, 2008.

Coria, Clara, *Los laberintos del éxito. Ilusiones, pasiones y fantasmas femeninos*, Paidós, 1992.

—, *El dinero en la pareja. Algunas desnudeces sobre el poder*, Grupo Editor Latinoamericano, 1993.

Covey, Stephen, *La velocidad de la confianza*, FreePress, 2005.

Creighton, James, *Claves para pelearse sin romper la pareja*, Longseller, 2005.

Cury, Augusto, *Cambia tu vida. Desarrolla tu inteligencia y enriquece tu sensibilidad*, Planeta, 2008.

Dale, Paulette, *¿Has dicho algo, Susana?*, Granica, 2001.

Day, Laura, *Welcome to Your Crisis. How to Use the Power of Crisis to Create the Life You Want*, Little Brown, 2006.

Dayton, Tian, *Equilibrio emocional. Cómo alcanzar la sobriedad emocional en la vida. De los traumas de relación a la capacidad de recuperación y el equilibrio*, Kier, 2009.

Demarais, Ann y White, Valerie, *La primera impresión*, Océano, 2005.

Diehm, William J., *How to Get Along with Difficult People*, Baptist Sunday School Board, 1992.

Dobelli, Rolf, *El arte de pensar*, Ediciones B, 2013.

Ellis, Albert y Grad Powers, Marcia, *El secreto para superar el abuso verbal*, Obelisco, 2002.

El-Shamy, Susan, *Role Play Made Easy: 25 Structured Rehearsals for Managing Problem Situations and Dealing with Difficult People*, Pfeiffer, 2005.

Evans, Patricia, *Verbal Abuse: Survivors Speak Out on Relationship and Recovery*, Adams Media Corporation, 1993.

Fahrer, Rodolfo y Magaz, André, *Temas de psicología médica*, Buenos Aires, CTM, 1986.

Falcoff, Ariel y Fantin, Juan Carlos, *Manual de Clínica y Terapéutica en Psiquiatría*, Letra Viva, 2011.

Fensterheim, Hebert y Baer, Jean, *No diga sí cuando quiera decir no*, Grijalbo, 1976.

Flamholtz, Eric y Randle, Yvonne, *El juego interno del management. Cómo acceder a un nivel de dirección*, Paidós, 1993.

Foa, Edna y otros, *Recuperar su vida después de una experiencia traumática. Cuaderno de ejercicios*, SAPsi, 2008.

—, *Terapia de exposición prolongada para TEPT, procesamiento emocional de experiencias traumáticas. Guía del terapeuta*, SAPsi, 2008.

Fox Cabane, Olivia, *El mito del carisma*, Editorial Empresa Activa, 2012.

Frangoso De Weyand, Edith, *Zona libre de ofensa*, Xulon Press, 2008.

Friedman, Paul, *How to Deal with Difficult People*, Skillpath, 1994.

Gan, Federico, *101 habilidades emocionales para vivir y trabajar mejor*, Ediciones Apóstrofe, 1998.

Garbarino, James y otros, *The Psycologically Battered Chilid*, Jossey Bass, 1986.

Gargiulo, Terrence y Scott, Gini, *In the Land of Difficult People: 24 Timeless Tales Reveal How to Tame Beasts at Work*, Amacom, 2008.

Gee, Jeff y Gee, Val, *The Winner's Attitude: Change How You Deal with Difficult People and Get the Best Out of Any Situation*, McGraw-Hill, 2006.

Giesenow Carlos, *Psicología de los equipos deportivos*, Claridad, 2007.

Gilbert, Andy, *El arte de marcar la diferencia. Entender y desarrollar la capacidad para marcar la diferencia*, Amat, 2006.

Gillman, Claire, *La venganza es dulce. Ajustes de cuentas, desquites y otras ingeniosas y divertidas historias de personas que reciben su merecido*, Granica, 2009.

Godwin, Alan, *How to Solve Your People Problem: Dealing with Your Difficult Relationships*, 2011.

Goettsche, Bruce y Goettsche, Rick, *Difficult People*, Xulon Press, 2005.

Gómez, José Miguel, *Personas con anclas*, Editorial Búho, 2007.

Gordon, Sol, *Por qué el amor no es suficiente. ¿Sabe cómo identificar a la persona adecuada? ¿Está su relación preparada para el matrimonio?*, Javier Vergara Editor, 1991.

Gottman, John y otros, *Diez claves para transformar tu matrimonio. Cómo reforzar las relaciones de pareja*, Paidós, 2008.

Grün, Anselm, *Descubrir la riqueza de la vida*, Editorial Guadalupe, 2004.

Haden Elgin, Suzette, *The Gentle Art of Verbal Self Defense*, Dorset, 1980.

—, *More on the Gentle Art of Verbal Self- Defense*, Pearson, 1991.

Hagee, John, *Convierta sus retos en oportunidades*, Casa Creación, 2009.

Hampton, Terry y Harper, Ronnie, *99 maneras de ser más felices cada día*, Ediciones San Pablo, 2010.

Hay, Julie, *Dealing with Difficult People: The Workbook*, Sherwood Publishing, 1998.

Hillman, James, *Tipos de poder*, Granica, 2000.

Hirigoyen, Marie France, *El acoso moral*, Paidós, 2001.

Holden, Robert, *Las claves de la felicidad. Recetas infalibles para obtener un bienestar inmediato*, Plaza & Janés, 2000.

Horn, Sam, *Tongue Fu!: How to Deflect, Disarm, and Defuse Any Verbal Conflict*, St. Martin's Griffin, 1997.

—, *Poder verbal*, Open Project, 1999.

Houel, Alain y Godefroy, Christian, *How to Cope with Difficult People*, Sheldon Press, 1997.

Imber-Black, Evan, *La vida secreta de las familias. Verdad, privacidad y reconciliación en una sociedad del «decirlo todo»*, Gedisa, 2006.

Imber-Black, Evan y otros, *Rituales terapéuticos y ritos en la familia*, Gedisa, 1994.

Jeffress, Robert, *Secretos de Salomón, 10 Claves de los proverbios para un éxito extraordinario*, Editorial Patmos, 2005.

Kaës, René, *Sufrimiento y psicopatología de los vínculos institucionales. Elementos de la práctica psicoanalítica en institución*, Paidós, 1998.

Karmona Alberto, *PNL. El cielo del minotauro. Introducción a la programación neurolingüística*, Álvarez Castillo Editor, 2009.

Kaufman, Josh, *MBA personal: lo que se aprende en un MBA por el precio de un libro*, Editorial Conecta, 2012.

Kay, Frances, *Dealing with Difficult People for Rookies*, Marshall Cavendish, 2010.

Keeney, Bradford, *Estética del cambio. Terapia Familiar*, Paidós, 1991.

Kellner, Hedwig, *El Arte de decir No*, Obelisco, 2005.

Kessel, Brent, *La fortuna en tus manos*, HarperCollins, 2009.

Kiyosaki, Robert, *Guía para invertir*, Aguilar, 2005.

Kleinke, Chris, *Principios comunes en psicoterapia*, Editorial Desclée de Brouwer, 2002.

Koslow, Brian, *365 maneras de ser multimillonario*, Editorial Centauro, 2002.

Kotter, John, *El sentido de la urgencia*, Norma, 2009.

Kriegel, Robert y Brandt, David, *De las vacas sagradas se hacen las mejores hamburguesas*, Grupo Editorial Norma, 2003.

Kriegel, Robert y Patler, Louis, *Si no está roto, rómpalo*, Grupo Editorial Norma, 1994.

Kusnetzoff, Juan Carlos, *Soluciones para el buen sexo. Técnicas eficaces para problemas comunes*, Del Nuevo Extremo, 2010.

La Biblia, NVI.

La Biblia, versión Reina Valera, 1960.

Lakhani, Dave, *Persuasión. El arte de influir y obtener lo que deseas*, Alfaomega, 2008.

Landerreche, Luisa, *El autoritarismo*, Centro Editor de América Latina, 1995.

Langford-Wood, Naomi y Mannering, Karen, *Dealing with Difficult People*, Hodder, 2008.

Larkins, Lisette, *Difficult People: A Gateway to Enlightenment*, Rainbow Ridge, 2011.

Leibling, Mike, *How People Tick: A Guide to Over 50 Types of Difficult People and How to Handle Them*, Kogan Page, 2004.

Lieberman, David, *¿Por qué cometo siempre los mismos errores? Instrucciones para cambiar los 100 comportamientos más molestos y contraproducentes de su vida*, Norma, 1999.

—, *Haga las paces con todo el mundo. Guía para la resolución de conflictos*, Amat, 2002.

Lilley, Roy, *Cómo tratar con gente difícil*, Gedisa, 2002.

Linkemer, Bobbi, *How to Deal with Difficult People*, Amacom, 1987.

Littauer, Florence, *How To Get Along with Difficult People*, Harvest House, 1984.

López-Ibor Aliño, Juan José y Valdés Miyar, Manuel, *Criterios diagnósticos DSM-IV-TR Breviario*, Masson, 2002.

Lowndes, Leil, *Cómo comunicarse con los demás. Técnicas para tener éxito en las relaciones*, Oniro, 2000.

Lucas, Robert W., *People Strategies for Trainers: 176 Tips and Techniques for Dealing with Difficult Classroom Situations*, Amacom, 2005.

Lundin, William y otros, *Working with Difficult People*, Brillance Audio (CD), 2008.

MacLeod, Hugh, *Ignore Everybody and 39 Other Keys to Creativity*, Portfolio, 2009.

Maisel Eric, *Toxic Criticism. Break the Cycle with Friends, Family, Coworkers, and Yourself*, McGraw Hill, 2007.

Mallinger, Allan E. y DeWyze, Jeanette, *La obsesión del perfeccionismo. Soluciones para acabar con el control excesivo*, Paidós, 1993.

Marietan, Hugo, *El complementario y su psicópata*, Anaké, 2008.

Mason-Draffen, Carrie, *151 Quick Ideas to Deal with Difficult People*, Career Press, 2007.

Mata, Nuria, *La manipulación. La perversidad del pequeño poder*, Plataforma Editorial, 2008.

Matas Crespo, José, *Aprender a decir no*, Obelisco, 2008.

Matto, Felipe y Stamateas, Samuel, *Fe que sana: 12 principios de fe para recibir tu milagro y bendecir a otros*, Editorial Expansión, 2010.

McGraw, Phillip C., *Eres importante: Construye tu vida desde el interior*, Fireside, 2005.

Michelli, Joseph, *La Experiencia Starbucks: 5 principios para convertir lo ordinario en extraordinario*, Norma, 2007.

Milanese, Roberta y Mordazzi, Paolo, *Coaching estratégico. Cómo transformar los límites en recursos*, Herder, 2008.

Minshull, Ruth, *Cómo escoger a su gente*, Publicaciones Dianéticas, 1981.

Müller, Mónica, *Sana Sana, la industria de la enfermedad*, Sudamericana, 2014.

Moreno González, Antonio y Soler Villalobos, María Paz, *La convivencia en las aulas: problemas y soluciones*, Editorial Ministerio de Educación y Ciencia, 2006.

Motterlini, Mateo, *Economía emocional*, Paidós, 2008.

Munro, Myles, *El espíritu del liderazgo*, Withaker House, 2005.

Muradep Lidia, *Coaching para la transformación personal: un modelo integrado de la PNL y la ontología del lenguaje*, Granica, 2010.

Murphy, Peter W., *How to Control Any Conversation. Simple Ways to Deal with Difficult People and Awkward Situations*, Kindle Editions, 2011.

Nardone, Giorgio, *El miedo, pánico, fobias*, Herder, 1993.

—, *Manuale di Sopravvivenza per psicopazienti; ovvero come evitare le trappole della psichiatria e della psicoterapia (Manual de supervivencia para los pacientes mentales, o cómo evitar las trampas de la psiquiatría y la psicoterapia)*, Ponte alle Grazie, 1994.

—, *Psicosoluciones*, Herder, 2002.

—, *Más allá del miedo*, Paidós, 2003.

—, *No hay noche que no vea el día*, Herder, 2003.

—, *Mas allá de la anorexia y la bulimia*, Paidós, 2004

—, *Corrígeme si me equivoco*, Herder, 2005.

—, *La mirada del corazón. Aforismos terapéuticos*, Paidós, 2008.

—, *Intervención estratégica en los contextos educativos*, Herder, 2008.

—, *La dieta de la paradoja*, Paidós, 2009.

—, *La resolución de problemas estratégicos*, Herder, 2010.

—, *Los errores de las mujeres en el amor*, Paidós, 2011.

Nardone, Giorgio y Salvini, A., *El diálogo estratégico*, RBA, 2006.

Nardone, Giorgio y otros, *Le prigioni del cibo -Vomiting*

Anoressia Bulimia: La terapia in tempi brevi (La prisión de la comida - Vomitando Anorexia Bulimia: la terapia en un corto tiempo), Ponte alle Grazie, 1999.

—, *Strategie e stratagemmi della Psicoterapia (Estrategias y estratagemas de la psicoterapia)*, Franco Angeli, 2002.

—, *Los modelos de familia*, Herder, 2003.

—, *El arte de la estratagema*, RBA, 2004.

—, *El descubrimiento y los hallazgos de la psicología*, Paidós, 2008.

—, *Hipnosis y terapias hipnóticas*, RBA, 2008.

Nardone Giorgio y Watzlawick, P., *El arte del cambio. Terapia estratégica e hipnoterapia sin trance*, Herder, 1990.

Nardone, Giorgio y Weakland, J., *Terapia breve estratégica de los trastornos fóbicos: un modelo de terapia e investigación de evaluación*, Ray, 1988.

Navarro Arias, Roberto, *Cómo resolver tus problemas emocionales sin acudir a un terapeuta*, Pax México, 2007.

Neimeyer Robert, *Aprender de la pérdida*, Paidós, 2000.

Nelson, Noelle, *Relaciones peligrosas*, Javier Vergara Editor, 2002.

Norcross, John C. y otros, *Authoritative Guide To Self Help Resources In Mental Health*, Guilford, 2003.

O'Donnell, Pacho, *La sociedad de los miedos*, Sudamericana, 2009.

O'Hanlon, William, *Pequeños grandes cambios. Diez maneras sencillas de transformar tu vida*, Paidós, 2003.

—, *Crecer a partir de la crisis*, Paidós, 2004

O'Hanlon, William y Weiner-Davis, Michelle, *En busca de soluciones. Un nuevo enfoque en psicoterapia*, Paidós, 1993.

Ortega Pérez, Andrés, *Expertología*, Alienta, 2011.

Ortega Salinas, Enrique, *Cómo lograr que los demás se salgan con la nuestra*, Gráfica Sur, 2004.

Oursler, Will, *El poder curativo de la fe. Una fascinante exploración de los casos de curaciones espirituales de ayer y de hoy*, Atlántida, 1993.

Oxman, Murray, *The How to Easily Handle Difficult People Handbook*, Success Without Stress, 2006.

Pantoja, Rafael, *Los 18 secretos de Rafael Pantoja de cómo hablar en público*, Editorial Librerías Artemis, 2004.

Papp, Peggy, *El proceso de cambio. Terapia familiar*, Paidós, 1991.

Peurifoy, Reneau, *Venza sus temores*, Robin Book, 2007.

Phelps, Stanlee y Austin, Nancy K., *La mujer asertiva sabe lo que quiere*, Obelisco, 2008.

Petitcollin, Christell, *Afirmarse y atreverse a decir no*, Lumen, 2006.

Phun, Laurie, *Instant Persuasion*, Penguin, 2006.

Pike, Bob y Arch, Dave, *Cómo lidiar con participantes difíciles: 127 estrategias prácticas para minimizar la resistencia y maximizar los resultados en sus presentaciones*, Panorama, 1997.

Pincus, Marilyn, *Managing Difficult People: A Survival Guide for Handling Any Employee*, Adams Media, 2008.

Piñuel, Iñaki, *Mobbing. Manual de autoayuda para superar el acoso psicológico en el trabajo*, Aguilar, 2003.

—, *Mi jefe es un psicópata. Por qué la gente normal se vuelve perversa al alcanzar el poder*, Alienta Editorial, 2008.

Piñuel, Iñaki y Oñate, María, *Mobbing Escolar. Violencia y acoso psicológico contra los niños*, Ediciones CEAC, 2007.

Poussin, Gérard, *Nunca es tarde para romper los lazos que nos ahogan*, Ediciones Témpora, 2003.

Powell, Barbara, *Las relaciones personales*, Urano, 1987.

Puente, Juan José, *La estrategia del fútbol aplicada a los negocios*, Lea, 2007.

Rabinovich, J. y Kopec, D. (compiladoras), *Qué y cómo. Prácticas en psicoterapia estratégica*, Dunken, 2007.

Riso, Walter, *Deshojando margaritas. Acerca del amor convencional y otras malas costumbres*, Norma, 2000.

—, *Los límites del amor*, Norma, 2006.

Roberts, Wess, *Tiranos, víctimas e indiferentes*, Urano, 2003.

Roca, Elia, *Cómo mejorar tus habilidades sociales*, ACDE Ediciones, 2003.

Rodríguez, Nora, *Guerra en las aulas. Cómo tratar a los chicos violentos y a los que sufren sus abusos*, Temas de Hoy, 2004.

—, *Stop Bullying*, RBA, 2006.

Rossi, Carmen, *Ajedrez vital: Reflexiones sobre la vida*, AutorHouse, 2006.

Rozines Roy, Jennifer, *Difficult People: Dealing With Al most Anyone*, Enslow Publishers, 2011.

Rubio Lara, Pedro Ángel, *Victimología forense y derecho penal*, Tirant Lo Blanch, 2010.

Ruiz Jarabo, Consuelo y otros, *La violencia contra las mujeres: prevención y detección*, Ediciones Díaz de Santos, 2004.

Sabat, Rafael, *Hágame caso*, Aguilar, 2004.

Salgado, Camila, *El desafío de construir una relación de pareja. Una decisión diaria, un cambio permanente*, Norma, 2003.

Santi, Wanda, *Herramientas para psicoterapeutas*, Paidós, 1996.

Schrijvers, Joep, *La estrategia de la rata*, Temas de Hoy, 2005.

Scott, Steven, *Pasos simples hacia sueños imposibles*, VS Ediciones, 2000.

Seib, Carmen, *Cómo afrontar y superar los chismes*, Editorial Paulinas, 2001.

Semon, Robert, *Los hombres malos hacen lo que los hombres buenos sueñan*, Polemos, 2011.

Serbia, Xavier, *La riqueza en cuatro pisos*, Aguilar, 2009.

Shapiro, F. y Forrest, Margot, *EMDR. Desensibilización y reprocesamiento por medio del movimiento ocular*, SAPsi, 2007.

Shazer, Steve, *Pautas de terapia familiar breve*, Paidós, 1987.

—, *Claves para la solución en terapia breve*, Paidós, 1990.

—, *Claves de terapia familiar breve*, Gedisa, 1992.

—, *En un origen, las palabras eran magia*, Gedisa, 1999.

Silberman, Mel, *Aprendizaje activo: 101 estrategias para enseñar cualquier tema*, Troquel, 2006.

Silberman, Mel y Hansburg, Freda, *Seis estrategias para el éxito. La práctica de la inteligencia interpersonal*, Paidós, 2005.

Soler, Jaume y Conangla, M. Mercè, *Juntos pero no atados: de la familia obligada a la familia escogida*, Amat, 2005.

Speakman, James y Hogan, Kevin, *Psychological Tactics and Tricks to Win the Game*, John Wiley & Sons, 2006.

Stallings, Jim, *Difficult People*, Create Space, 2009.

Stamateas, Alejandra, *Cuerpo de mujer, mente de niña*, Ediciones Presencia de Dios, 2005.

—, *Culpable por ser mujer*, Planeta, 2008.

Stamateas, Bernardo, *Emociones lastimadas*, Ediciones Presencia de Dios, 2005.

—, *Las 7 leyes irrefutables de la sanidad interior. Principios para sanar las heridas del alma*, Ediciones Presencia de Dios, 2006.

—, *Libres de la gente*, Ediciones Presencia de Dios, 2006.

—, *Autoboicot*, Planeta, 2008.

—, *Gente Tóxica*, Ediciones B, 2011.

—, *Quererme más*, Planeta, 2011.

Sternberg, Robert, *El triángulo del amor. Intimidad, pasión y compromiso*, Paidós, 1989.

Stoddard, Jill y Afari, Niloofar, *The Big Book of Act Metaphors*, New Harbinger Publications, 2014.

Storr, Anthony, *Sobre la violencia*, Kairós, 1973.

Suárez, Enrique G., *Vivir sin miedo*, Lumen, 2006.

Talmud, Vaikrá Rabá 33.

Thompson, George y otros, *Verbal Judo: The Gentle Art of Persuasion*, Harper, 1983.

Thorpe, Scott, *Pensar como Einstein*, Norma, 2001.

Tracy, Brian, *Caminos hacia el progreso personal. La psicología del éxito*, Paidós, 1996.

—, *Metas*, Empresa Activa, 2004.

Trias de Bes, Fernando, *El libro negro del emprendedor*, Empresa Activa, 2007.

Valencia, Jota Mario, *Insúltame si puedes*, Planeta, 2012.

Vera Guerrero, María Nieves y otros, *Ansiedad social. Manual práctico para superar el miedo*, Pirámide, 2009.

Wainstein Martín, *Intervenciones para el cambio*, JCE, 2006.

Watzlawick, Paul, *La realidad inventada*, Gedisa, 1990.

—, *Coleta del barón de Münchhausen*, Herder, 1992.

—, *El lenguaje del cambio*, Herder, 1992.

—, *Teoría de la comunicación humana*, Herder, 1993.

—, *El ojo del observador*, Gedisa, 1994.

—, *Lo malo de lo bueno o las soluciones de Hécate*, Herder, 1994.

—, *El arte del cambio*, Herder, 1995.

—, *El sinsentido del sentido o el sentido del sinsentido*, Herder, 1995.

Weidner, Jens, *No te cortes*, Gestión, 2000.

Wiemann, Mary, *Te Amo/Te Odio. Armonizar Las Relaciones Personales*, Aresta, 2009.

Willi, Jürg, *La pareja humana. Relación y conflicto*, Morata, 2002.

Wilson, Kelly G. y Luciano Soriano, M., *Terapia de aceptación y compromiso: un tratamiento conductual orientado a los valores*, Ediciones Pirámide, 2013.

Wiersbe, Warren W., *Seamos sabios*, Portavoz, 2002.

Wiseman, Richard, *59 segundos. Piensa un poco para cambiar mucho*, RBA, 2009.

Withfield, John, *La gente hablará*, Norma, 2012.

Wright, Norman, *Libérese del temor. Un proceso para reclamar su vida*, Caribe, 2005.

Yarnell, Mark y Reid Yarnell, René, *Su primer año en el Network Marketing*, Time Money, 2004.

Zelcer, Beatriz, *Las formas del abuso*, Lugar, 2011.

Zelinski, Ernie J., *Pensar a lo grande*, Paidós, 2001.

—, *El arte de mejorar nuestra calidad de vida. Las claves de la vida fácil*, Amat, 2003.

—, *Disfrutar de la vida trabajando poco y a tu manera*, Amat, 2008.

OTRAS FUENTES

Castro, M. y Sánchez Ríos, J., «Técnicas generales efectivas para reducir el maltrato psicológico, los problemas, sus consecuencias y la violencia en el trabajo», en Revista *Oikos*, año 2013, n.º 27, Universidad Católica Silva Henríquez, Santiago de Chile, junio de 2009.

Chand, Samuel, Seminarios.

Jones, Graham, «Manejo Personal. Cómo los mejores entre los mejores son cada vez mejores», en *Harvard Business Review*, junio de 2008.

Piñuel, Iñaki y Oñate, María, *Informe Cisneros X*, 2007.

Psykhé, vol. 10, n.º 2, Santiago de Chile, 2001.

Taverniers, Karin, «Abuso emocional en parejas heterosexuales», en *Revista Argentina de Sexualidad Humana*, 15(1), Buenos Aires, 2001.

http://www.anecdonet.com
http://www.bible.org
http://www.ciudadseva.com/textos/cuentos/ale/hesse/fabula.htm
http://www.colegiosfsales.com.ar
http://www.conpoder.com
http://www.dailyintheworld.org
http://www.doslourdes.net
http://www.elcolaborador.com
http://www.inteligencia-emocional.org
http://www.interpsiquis.com (1.er Congreso Virtual de Psiquiatría, 2010)
http://www.kaaj.com/psych/
http://www.laureanobenitez.com
http://www.marietan.com
http://www.morim-madrichim.org
http://www.obrerofiel.com
http://www.ted.com
http://es.shvoong.com
http://www.vivepensa.blogspot.com.ar